Georg Zirk

Grifoni sulla Russia

La campagna di Russia dall'abitacolo di un
bombardiere Heinkel He 111, 1941-1945

Traduzione di Raffaello Bisso
Edizione italiana a cura del Wehrmacht Research Group

ISBN: 979125589-1055 2ª Edizione: Aprile 2024
Titolo: Grifoni sulla Russia di Georg Zirk (ISE-076)
Pubblicato da LUCA CRISTINI EDITORE. Cover & Art design: L. S. Cristini -
Prima edizione a cura di ASSOCIAZIONE ITALIA STORICA - Genova 09-2020
Titolo originale dell'opera Red Griffins over Russia Champlin Museum Press, Mesa 1987.

In copertina:
Heinkel He 111 H-20 della 4./KG 53 durante il raid su Poltava, 22 giugno 1944.

Dedico questo libro ai miei compagni d'arme del *Kampfgeschwader 55* e del *Kampfgeschwader 4* che hanno volato e combattuto e sono morti al mio fianco; in particolar modo ai sette equipaggi del mio *II. Gruppe* del *KG 55*, tutti abbattuti nel corso di una singola missione di rifornimento alla *Wehrmacht* nel settore centrale del fronte russo.

Dedico questo libro anche ai membri del mio equipaggio, *Uffz.* Heinemann e *Uffz.* Schulz, che hanno volato con me per tutta la guerra e, dopo la resa, sono morti in prigionia in Russia.

Introduzione

Alla fine della prima guerra mondiale – la guerra che avrebbe dovuto porre fine alle guerre – la Germania sconfitta fu messa in catene, per scongiurare che si potesse rialzare.
Il Trattato di Versailles assegnò agli Stati vicini tutte le terre di confine e le loro popolazioni. Così vennero poste le basi della seconda guerra mondiale.
I governi non trattarono amichevolmente i loro nuovi cittadini. La mia famiglia si trovò sotto il dominio sciovinista del nuovo Stato polacco, che per 156 anni era stato governato dalla Prussia, dall'Austria o dalla Russia.
Sebbene cittadini polacchi, eravamo considerati *Volksdeutsche* ("tedeschi etnici"), stranieri e soggetti a discriminazione. E nel 1939, all'inizio della guerra, diventammo nemici da eliminare in massa. Fu questo il nostro Olocausto: una stima di 49.000 vittime su due milioni; uccisi nel modo più brutale dai polacchi in seguito agli ordini del loro – e nostro – governo. Nel corso del massacro perdemmo membri della nostra famiglia a Bromberg, a Thorn e a Lodz.
Quando i tedeschi conquistarono la Polonia, diventarono i nostri salvatori. Ma naturalmente ci fu un prezzo da pagare: unirsi a essi e combattere per la loro causa. Chiunque si rifiutasse fu brutalmente eliminato, come in precedenza avevano fatto i polacchi.
Così presi parte alla guerra come mercenario di un Paese con cui non avevo nulla in comune a parte la lingua, e il sangue dei miei antenati di un secolo prima. Mi arruolai nella *Luftwaffe* e volai con il *Kampfgeschwader 55 "Greif"* (Grifoni) – una unità di bombardieri – e con un *Gruppe* di bombardieri designatori di bersagli del *Kampfgeschwader 4 "General Wever."*
Ho volato in 81 missioni di combattimento come navigatore-puntatore; in 65, di notte. Volavamo sui sorpassati *Heinkel 111*, nonostante già dal 1944 fossero disponibili dei plurimotori a reazione. Ma questi aerei rivoluzionari giunsero in linea in pochi esemplari e troppo tardi.
In questo libro racconto la storia di alcuni equipaggi di bombardieri tedeschi sul fronte orientale, che compirono le loro missioni sotto il fuoco della contraerea e dei caccia nemici – spesso in una inferiorità numerica di venti a uno. È una storia di avversità e sopravvivenza, di vittorie e di sconfitte, del coraggio di molti e della codardia di pochi. Di combattimenti aerei sopra le vaste steppe e le foreste russe, di giorno e di notte.
Cercherò di raccontarla com'era – sempre spietata, sanguinosa, e mortale. Era raro che ci fosse scampo per gli aviatori tedeschi. Dopo essere

stato abbattuti, anche se riuscivano a lanciarsi o a sopravvivere ad un atterraggio di emergenza, solitamente venivano uccisi dai russi.

Quando finalmente tutto terminò avevo perso sei anni della mia giovinezza, tredici parenti, la libertà e la casa.

Dopo la resa nel maggio 1945, fuggii dalla prigionia sovietica eludendo russi e cechi nella mia fuga per la libertà, finché nel 1947 evasi da un campo di concentramento polacco. Non riuscirono a fermarmi né a spezzare il mio spirito.

Ma imparai una lezione indimenticabile: la libertà è il bene più prezioso che abbia l'uomo. Che tutte le nazioni possano sempre ricordarlo.

Georg Zirk
Hemet, California
1987

La mia giovinezza

Sono cresciuto come parte di una minoranza etnica tedesca in Polonia. La mia famiglia vi ha vissuto per cinque generazioni, da quando uno dei miei antenati dovette andare a conquistare la Russia con l'Armata di Napoleone nel 1812. Non tornò più a casa nel Brandeburgo, una provincia della Prussia, ma si innamorò della figlia di un contadino tedesco che viveva in Polonia.
I miei genitori erano insegnanti presso una scuola polacca. Si incontrarono durante la prima guerra mondiale e si sposarono nell'aprile del 1918.
Nel corso delle aspre battaglie presso Lodz e Brzeziny i miei vivevano proprio in mezzo alla linea del fronte. Quando i combattimenti si fecero troppo vicini, mio padre dovette abbandonare l'alloggio nella scuola. Fermato dai tedeschi in mezzo alle linee, fu arrestato come sospetta spia dei russi e fu minacciato di venire giustiziato nel caso i tedeschi si fossero dovuti ritirare. Fortunatamente i tedeschi ricacciarono indietro i russi e mio padre venne rilasciato. Dopo la guerra la Polonia divenne uno Stato indipendente, e noi diventammo cittadini polacchi. Mio padre fu destinato ad una scuola di campagna e mia madre smise di insegnare. Io sono nato nel 1919.
Ero un ragazzo molto indipendente ed ero attirato dalla natura. Già a sei anni esploravo i campi e le foreste che circondavano al nostro paese. Non c'era un albero così alto da non poterlo scalare per arrivare al nido di un corvo.
Come figlio di un insegnante, per gli altri bambini ero in qualche modo particolare e venivo trattato di conseguenza. Avevo un solo amico ma ben tre amiche, che avevano il doppio della mia età. Credo che questo mi abbia fatto diventare un po' viziato, perché ho sempre avuto un debole per le ragazze.
A nove anni ero sopravvissuto e tutte le più importanti malattie che falciavano i bambini all'epoca: difterite, febbre tifoide, scarlattina, e due volte la polmonite. Ero un sopravvissuto nato, nonostante la morte fosse per me una presenza costante.
Durante le mie esplorazioni ebbi una lezione di sopravvivenza. Mi ero portato dietro dei fiammiferi, con l'intenzione di arrostire delle patate nei campi. Lungo la strada attraversai una foresta, e mentre passavo gli aghi di conifere secchi attirarono la mia attenzione. Ne presi una manciata e gli diedi fuoco. Continuai a ripetere questa operazione non rendendomi conto che stavo rischiando di incendiare la foresta.

Arrivai presso un campo dove dei contadini stavano mietendo, passai oltre e scavalcai un ruscello. Quando mi sentii chiamare, mi fermai e mi girai. Vidi un contadino correre verso di me e capii che doveva avere a che fare col fuoco che avevo acceso; senza farmi vedere, mentre camminavo verso l'uomo tirai fuori i fiammiferi dalla tasca e li buttai a terra. Dissi che non sapevo nulla dell'incendio.

Per fortuna questo fu presto spento, e il contadino mi lasciò andare perché aveva cose più importanti da fare, ma questo piccolo incidente fu una lezione di astuzia e sopravvivenza. In seguito, di fronte al nemico, questa lezione mi salvò diverse volte la vita.

Passai il mio primo anno di scuola dove mio padre insegnava. Un giorno portarono noi scolari a vedere il Maresciallo Piłsudski, che passava non lontano dal nostro paese. Era Comandante in Capo dell'Esercito polacco, eroe nazionale e liberatore della Polonia. Quando i Comunisti attaccarono la Polonia nel 1920 fu lui che li sconfisse in battaglia presso la Vistola, preservando la libertà della Polonia e impedendo che il Comunismo arrivasse in Europa occidentale prima della seconda guerra mondiale.

A otto anni dovetti lasciare la casa paterna. Mi dissero che avevo bisogno di un'istruzione migliore e venni mandato al liceo tedesco a Lodz. Il passaggio dalla vita di un paesino a quella di una città di 70.000 abitanti fu sciocante, ma mi adattai. Per due anni abitai a casa di mio zio.

Lo zio Filipp Froloff era un ex Colonnello dell'Esercito zarista. Durante l'occupazione russa, precedentemente alla prima guerra mondiale, era stato Comandante della guarnigione a Lodz. Adesso era un invalido, sopravvissuto alla guerra dopo essere stato passato per le armi dai Bolscevichi.

Questi fucilarono tutti gli ufficiali zaristi prigionieri, incluso mio zio, che fu creduto morto ma venne salvato da contadini che lo trovarono e gli salvarono la vita. Fu trasferito clandestinamente in Grecia, dove passò tre anni in un ospedale con una pallottola nella schiena. Una contessa russa in visita fece sì che venisse operato, ma era troppo tardi; dovette camminare con le stampelle per il resto dei suoi giorni.

Lo zio Filipp mi raccontò moltissime storie della guerra, di come aveva combattuto i comunisti al comando di un treno blindato. E appresi della crudeltà della guerra. I "Rossi" e i "Bianchi" (gli zaristi) non si davano quartiere, ed entrambe le fazioni fucilavano abitualmente i prigionieri. A volte i bolscevichi facevano scavare ai prigionieri delle vaste fosse, in grado di contenere circa 100 uomini. Questi dovevano poi prendervi posto e piegare indietro la testa; poi un soldato gli tagliava il collo con la sciabola. Quando la fossa veniva coperta, la terra si muoveva ancora.

Dopo che la Russia fu caduta in mano ai Comunisti, gli ufficiali zaristi che si erano nascosti furono braccati dai *tovarish* (compagni) che in molti casi li uccisero sulla propria porta di casa.

Trovai molte riviste illustrate del tempo di guerra nella nostra soffitta. Le leggevo avidamente, affascinato dalle storie dei soldati che combatterono le grandi battaglie. Lessi anche molti libri sulla prima guerra mondiale, dove erano descritti i combattimenti nelle trincee, nel cielo e in mare. Più di tutto mi affascinavano le storie degli assi della caccia tedeschi – von Richthofen, Immelmann, Boelcke, Udet, Voss. Decisi che un giorno, anch'io sarei diventato un aviatore.

Uno dei libri parlava dei prigionieri tedeschi nei campi russi. Presto imparai parecchie cose sui russi e sulla loro mentalità: non provavano compassione e non avevano alcun rispetto per la vita umana, nemmeno per quella dei loro compagni.

A casa dello zio imparai anche la lingua russa. Quindici anni dopo, quando caddi prigioniero dei Comunisti, tutte queste conoscenze mi salvarono la vita.

Negli anni '20, l'era dei pionieri del volo, l'aviazione era la moda del momento. Amundsen tentò di raggiungere il Polo Nord in aerostato, Nobile in dirigibile. Entrambi i tentativi si risolsero tragicamente. Poi ci fu il volo transatlantico di Lindbergh, e molti altri. Alcuni fallirono e scomparvero senza lasciare tracce, ma per me furono tutti una grande fonte di ispirazione.

Io nel frattempo ero ancora uno scolaro. Arrivò la grande recessione, e Hitler prese il potere in Germania.

Un giorno, all'inizio degli anni '30, arrivando a scuola vidi che questa era stata distrutta nel corso della notte da nazionalisti polacchi. Per noi tedeschi residenti in Polonia fu un assaggio delle cose che sarebbero arrivate.

Ero un buon studente, benvoluto, ed ero rappresentante di classe. Mi innamorai della mia insegnante, *Fraulein* Schwartz; avevo 12 anni, lei 27. Ne faccio menzione perché le nostre vite si incrociarono numerose volte negli anni a venire. Una volta mi invitò a casa sua, un onore che nessuno aveva mai avuto, e ne fui molto orgoglioso. Mi fece fare il ruolo principale nella rappresentazione teatrale di "I vestiti nuovi dell'imperatore"[1]. Dato che ero un bravo ginnasta, dovevo mostrare ai miei compagni i nuovi esercizi alla sbarra, o le evoluzioni al cavallo. Anche se per la mia età non ero alto di statura ero uno dei più forti, e il più coraggioso.

Nella nostra classe c'era un prepotente che prendeva tutti a spintoni, e nessuno gli si osava opporre.

---

[1] Fiaba del 1837 di Hans Christian Andersen.

Un giorno se la prese con me, e gli diedi una lezione. Da allora smise di fare il prepotente.

Per Natale ricevetti un fucile ad aria compressa e mi allenavo ogni giorno al tiro al bersaglio. All'età di otto anni, mio padre mi insegnò ad adoperare un revolver e un fucile di piccolo calibro. Imparai a sparare bene, e nel corso della guerra ciò si rivelò prezioso.

A nove anni, rischiai di annegare in piscina. Dopo essere andato sotto due volte, capii che non avrei avuto una terza occasione: mi salvai per pura determinazione. Fu un'altra grande lezione di sopravvivenza.

Nel 1932 dovetti passare in un liceo polacco a Piotrkow, poiché mio padre non poteva più permettersi di pagare la retta alla scuola tedesca. Improvvisamente mi trovai in un ambiente estraneo, e a volte ostile. Non fu facile padroneggiare il programma in polacco, ma me la cavai. Ero l'unico luterano della classe, e il mio solo amico era ebreo.

Nell'estate del 1935 ebbi il mio primo contatto con la Germania, dove andai per una vacanza di quattro settimane organizzato dalla nostra chiesa. Abitai presso la famiglia di un professore in Turingia. Tutto era nuovo per me; la gente che parlava continuamente del *Führer*, la Gioventù Hitleriana che marciava con tamburi e gagliardetti, le *SA* e le *SS*.

C'erano sempre occasioni per parate e festeggiamenti. Notai che i tedeschi amavano festeggiare con abbondanti birre e *bratwurst*.

Ma non c'erano solo festeggiamenti. Una notte assistetti al rogo dei libri proibiti nella piazza principale di Jena, una città universitaria. Vidi anche la propaganda piena di odio contro gli ebrei che pubblicava il giornale nazista, lo *"Sturmer"*.

Visitai la Wasserkuppe[2], località famosa per il volo a vela. Là per la prima volta fui iniziato al volo. Vidi alianti veleggiatori, libratori e anche i biplani della nuova *Luftwaffe*, tutti con la svastica dipinta sulla coda.

A Weimar visitai le case di Goethe e di Schiller e molti castelli antichi e musei. La Germania mi colpì molto; era tutto così efficiente, pulito ed organizzato.

Nel 1937 presi la licenza media, poi andai a casa dove passai un anno alla nostra fattoria. Fu un periodo bello e sereno; badavo al bestiame, ai cavalli, lavoravo nei campi. Possedevamo circa quattro ettari, sui quali coltivavamo ciò di cui avevamo bisogno. Mi occupai dell'aratura e della semina, e poi del raccolto. Avevo 18 anni e mi sentivo orgoglioso di fare un lavoro da adulto.

Nell'autunno del 1938 dovetti tornare a scuola per prepararmi ad una professione. Scelsi le discipline umanistiche. Dopo le lezioni ci facevano mettere in uniforme e ricevevamo un addestramento premilitare.

---

[2] Cima maggiore dei monti Röhn nell'Assia, alta 950 metri.

In seguito avremmo dovuto entrare nell'Esercito polacco come Ufficiali. Oltre all'addestramento di base, fummo istruiti sulle armi chimiche che tutti credevano sarebbero state usate nella prossima guerra.

Quando Hitler annesse l'Austria e la Cecoslovacchia nel 1938, la Polonia cominciò a prepararsi alla guerra. Le nubi all'orizzonte dalla Germania erano sempre più scure, e i nostri insegnanti polacchi parlavano pieni di odio di Hitler e dei nazisti.

Nel giugno del 1939, quando iniziarono le vacanze, fui ben contento di andare a casa e di aiutare nella stagione del raccolto.

Un giorno arrivò un poliziotto e confiscò tutte le nostre armi da fuoco: un revolver, due pistole e un fucile. Non diede spiegazioni, ma sapevamo che la ragione era che eravamo tedeschi. Con il clima politico che peggiorava ogni giorno, non si fidavano più di noi.

Alla fine di agosto andai a Varsavia per cercare un'altra scuola, ma non c'erano posti liberi e non mi potei iscrivere.

Rimasi per qualche giorno dai i miei parenti da parte di madre. La figlia era fidanzata con un giovane Ufficiale polacco e mi fecero visitare Varsavia. Il clima era magnifico e la gente se la passava bene, ignara che nel giro di pochi giorni si sarebbe scatenato l'inferno.

Tornai a casa il 31 agosto, un giorno prima che le bombe tedesche cominciassero a piovere su Varsavia.

L'inizio della guerra

Il 1° settembre del 1939 fui svegliato alle 5 del mattino da un rombo molto forte. Mi vestii e corsi fuori a vedere cosa succedeva; i miei erano già usciti.
C'era nebbia, ma capii che era il suono di centinaia di aeroplani, che continuarono a rombare per delle ore. Andavano in direzione di Varsavia e capii che era cominciata la guerra.
Più tardi la radio confermò che la guerra era incominciata e che i tedeschi stavano bombardando Varsavia. I bollettini radiotrasmessi dicevano: "Le truppe polacche stanno respingendo l'invasore tedesco", ma ciò si rivelò falso.
Vedemmo soldati polacchi muoversi lungo l'autostrada verso il fronte. Dopo il tramonto, sentii un frastuono provenire dall'autostrada, e corsi ad investigare; si trattava dei carri armati polacchi che andavano al fronte.
I primi profughi arrivavano lungo l'autostrada su dei carri a cavallo con i loro pochi bagagli. In poco tempo, il nostro cortile era pieno di gente che non sapeva dove andare. Lasciammo che molti di loro passassero la notte sul pavimento della nostra cucina. Durante la notte soldati in ritirata tentarono di prendere le nostre biciclette, ma mio padre li convinse a lasciarle.
Il giorno dopo cominciai a scavare un rifugio nel nostro orto. Vidi altri bombardieri tedeschi volare in direzione di Varsavia, andando e tornando a ondate per tutto il giorno.
Al pomeriggio del terzo giorno, degli *Stuka* cominciarono a volare in cerchio sopra di noi. Alcuni sparavano con le armi di bordo e noi vedevamo i traccianti. D'un tratto due *Stuka* picchiarono verso la nostra fattoria, con le sirene che urlavano. Fu terrificante ma, per nostra fortuna, non sganciarono bombe. Per questa volta, i tedeschi stavano solo giocando.
Vidi un *Heinkel* volare a bassa quota e sganciare le sue bombe nella vicina foresta. Il terzo giorno si sentirono cannonate provenire da sud. I tedeschi si avvicinavano.
Due soldati polacchi a cavallo irruppero nel nostro villaggio. In cielo, un solitario aereo polacco fece un passaggio e poi si allontanò a tutto motore.
Quel pomeriggio, un *Heinkel* passò a bassa quota sulla vicina autostrada per mitragliare le truppe in ritirata.
Più tardi trovammo un cavallo morto nel nostro pascolo, e dovemmo seppellirlo. Che lavoraccio!

Il quinto giorno, il fuoco di artiglieria si era fatto molto vicino. Era il compleanno di mia madre, che era molto agitata perché pensava che potesse essere l'ultimo. Ora l'autostrada era vuota, e non si vedevano più soldati polacchi.

Nel tardo pomeriggio vidi arrivare i tedeschi. Presi la bicicletta e andai verso l'autostrada per incontrarli.

La punta più avanzata consisteva di unità di cavalleria; li seguivano *Panzer*, artiglieria e soldati su mezzi trasporto truppe. Mi guardarono con curiosità, dato che ero il solo civile sulla strada, ma non mi fermarono. Pedalai in direzione della città, che era circa a tre chilometri di distanza. Arrivato nella piazza del mercato, vidi truppe muovere in direzione di Lodz e di Varsavia. Un giovane agente della *Feldgendarmerie*, la Polizia Militare tedesca, dirigeva il traffico. Quando gli parlai in tedesco, rimase sorpreso: non si aspettava di incontrare un civile tedesco in territorio nemico.

E d'improvviso ci fu un tafferuglio. Si udì uno sparo, un'auto piombò nella piazza del mercato; un ufficiale era in piedi con la *Luger* in mano. Lo vidi sparare a un civile poco lontano; l'uomo cadde e non si mosse più. Lo conoscevo; aveva anche lavorato nella nostra fattoria ma ultimamente tirava a campare tagliando legna per gli abitanti della città. Aveva un'accetta in mano, e questo forse aveva provocato il tedesco. Ora, la macchina passò davanti a me e la pistola puntava nella mia direzione. Attesi il prossimo sparo, ma il *Feldgendarme* che era accanto a me mi si pose davanti, coprendomi con il suo corpo.

L'auto fece il giro della piazza e si fermò davanti a me; mi trovai di nuovo l'arma puntata contro, e il soldato mi salvò per la seconda volta. Stavolta l'auto si fermò, e l'ufficiale tedesco mi si avvicinò a piedi. Finalmente, il soldato spiegò che ero tedesco, e l'ufficiale mi lasciò andare.

Scoprii che l'Ufficiale era il comandante dei *Panzer* che avevo visto passare sulla strada. Aveva perso un'autoblindo in un'imboscata e, furibondo, era tornato in cerca di vendetta. Così rischiai di essere ucciso dai tedeschi, il giorno stesso del loro arrivo.

Dopo questo incidente si scatenò l'inferno. Si sentivano cannonate tutto attorno; le truppe polacche stavano opponendo resistenza.

Nel frattempo si era fatta sera, e decisi di togliermi dalle strade, temendo di poter rimanere vittima di qualche tedesco dal grilletto facile. Trovai rifugio a casa di un amico, dove appresi dai suoi parenti che questi si trovava in viaggio sul veliero *Dar Pomorza* della Marina polacca, che successivamente si arrese in Spagna.

Quando le sparatorie finirono e tornai a casa, passai accanto a diverse case in fiamme.

Mia madre era in ansia per me e mi aspettava presso l'autostrada; non sapeva che quel pomeriggio avevo rischiato la vita.

Mi disse che quando era iniziato lo scontro i tedeschi si erano posizionati intorno alla nostra fattoria per rispondere al fuoco. Quando furono presi di mira pensarono che gli spari provenissero dal nostro villaggio, e presero mio padre in ostaggio minacciando di passarlo per le armi se fosse stato sparato un altro colpo. Mia madre fu mandata a comunicare ciò agli abitanti del paese. I tedeschi facevano presto a prendere gente in ostaggio e a minacciare di fucilarli.

Un proiettile di artiglieria esplose nel nostro cortile, uccidendo uno dei nostri maiali e incendiando un covone di fieno. Fortunatamente mio padre, che era stato appena liberato, fu pronto a spegnere il fuoco che altrimenti avrebbe divorato la nostra fattoria. Insomma, non si erano annoiati durante la mia assenza! Eravamo stati tutti davvero fortunati a sopravvivere, quel giorno. I tedeschi si fermarono alla fattoria diversi giorni.

L'indomani arrivarono notizie tragiche. Il mio prozio, che viveva a sei chilometri da noi, era stato assassinato con sua moglie e suo figlio da soldati polacchi che li avevano orribilmente mutilati. Li avevano macellati come bestiame, con le baionette. Andammo alla loro fattoria e trovammo la stanza dove erano stati massacrati. Il pavimento era coperto di sangue.

In seguito trovammo i loro corpi in una fossa poco profonda, in mezzo a una strada che passava nella foresta. Giacevano lì, accatastati uno sopra l'altro, orribili a vedersi; i soldati avevano sventrato mia zia, a mio zio avevano tagliato naso e orecchie, e avevano accecato mio cugino prima di ucciderli tutti. In seguito dissero che i polacchi, su ordine del Governo, avevano assassinato 49.000 tedeschi in Polonia.

In meno di quattro settimane, la campagna di Polonia era conclusa. Grazie a ciò, i due milioni di tedeschi in Polonia sopravvissero e noi naturalmente ci unimmo allo sforzo bellico tedesco.

In ottobre tornai al mio vecchio liceo germanico a Lodz; in classe trovai la mia vecchia insegnante, *Fraulein* Schwarz. Era sorpresa e felice di rivedermi dopo tutti quegli anni. Aveva sofferto molto. I polacchi la avevano costretta ad una marcia della morte assieme a molti altri; per fortuna, erano stati raggiunti dalle truppe tedesche in tempo per salvare alcuni di loro. Ma molti erano stati uccisi, tra i quali il Professor Patzer della nostra scuola. *Fraulein* Schwarz aveva i capelli bianchi, anche se aveva solo 35 anni.

I tedeschi non persero tempo per organizzarci. Ci fu detto che dovevamo entrare in organizzazioni come *SA, NSKK, NSFK, Werkschutz*[3]. Ognuna aveva la sua uniforme.

---

[3] *Sturm-Abteilung*, Reparti d'Assalto; *Nationalsozialistisches Kraftfahrkorps*, Corpo Automobilistico Nazionalsocialista; *Nationalsozialistisches Fliegerkorps*, Corpo Aereo Nazionalsocialista; Protezione degli impianti industriali.

Dato che ero appassionato di volo entrai nella *NSFK*, il Corpo Aereo paramilitare.
La scuola era obbligata a darmi una licenza per frequentare i campi di addestramento. Prima di tutto, quattro settimane di preaddestramento militare. Praticammo il tiro al bersaglio, imparammo a lanciare le bombe a mano, studiammo cartografia, e facemmo lunghe marce con più di 10 kg sulla schiena. Facevamo percorsi ad ostacoli di 10 km, e lunghi tratti in bicicletta.
Nell'autunno del 1940 feci tre mesi di scuola di volo con alianti e veleggiatori ad alte prestazioni. Conseguii i livelli A, B e C ed il distintivo dell'addestramento premilitare. Finalmente il mio sogno d'infanzia si era avverato: ero un pilota.
Ero preoccupato che la guerra finisse troppo presto. Volevo diventare un pilota da caccia come Mölders, Galland, Wick e Oesau. Erano i più gradi assi dell'epoca, ciascuno di essi aveva conseguito più di 50 vittorie.
Ogni giorno si sentiva parlare delle loro imprese, e io volevo diventare come loro. Mi recai al *Wehrbezirkskommando* (centro di reclutamento) e mi arruolai volontario nella *Luftwaffe*.
Per mantenerci visibili socialmente, ogni fine settimana dovevamo uscire in uniforme e marciare in città cantando canzoni soldatesche. Ragazzi e ragazze della *Hitlerjugend* raccoglievano denaro per il *Winterhilfe* (*Soccorso Invernale*) e indumenti caldi per i soldati al fronte. La gente faceva generose offerte per la causa comune.
Trovai alloggio nell'appartamento di una contessa russa. Suo padre era stato un Generale zarista, ucciso nel corso della Rivoluzione Bolscevica, e la giovane Nina era fuggita in Polonia. Si sposò, ma in seguito si separò dal marito che era andato a vivere con la sua amante. Nina – una bella donna bionda sulla trentina – aveva il corpo di una dea greca, e le maniere e il portamento di una signora francese di classe.
Organizzava spesso feste, alle quali partecipavano Ufficiali tedeschi ma anche civili russi e polacchi. Allora avevo 19 anni, per me tutto era nuovo e affascinante. Amavo danzare, e assaggiai i miei primi superalcolici.
Durante una di queste feste conobbi uno studente della mia età. Mi raccontò che doveva lavorare per la *Gestapo* e giustiziare la gente. Mi disse che gli capitava di sparare a donne che tenevano il loro bambino in braccio. Non potevo credere all'orrore che quel giovane doveva affrontare ogni giorno; non avendo vie d'uscita, egli qualche settimana più tardi si sparò.
Molte persone vivevano nel terrore dei nazisti, e non faceva molta differenza l'origine di ciascuno. Chiunque fosse contro il Governo tedesco veniva ucciso o mandato in un campo di concentramento. Fucilavano anche chiunque fosse implicato nel mercato nero. Venivano chiamati *Volksschadlinge* ("parassiti del popolo").

Ogni giorno sui giornali si leggevano lunghi elenchi di esecuzioni tenute in pubblico. Due membri della mia famiglia, non disposti a collaborare con i tedeschi, furono imprigionati e picchiati a morte. La moglie di un altro parente, ebrea, finì in un campo di concentramento.

Nel frattempo, la guerra andava avanti. La Norvegia, il Belgio e la Francia furono travolti tra il 10 maggio e il 25 giugno 1940, dopo che i paracadutisti tedeschi ebbero espugnato le ben difese fortificazioni in Olanda e in Belgio. In pochi giorni la *Luftwaffe* aveva distrutto le Forze Aeree francesi e i *Panzer* di Guderian avevano penetrato in profondità la Francia. Più di 300.000 soldati britannici si ritirarono a Dunkerque. I *Panzer* erano a pochi chilometri di distanza e avrebbero potuto catturarli, ma Hitler fece il madornale errore di fermarsi; e con la sua decisione, permise all'Esercito inglese di salvarsi. La campagna francese ci costò 45.000 uomini ma il dettaglio non fu menzionato nei notiziari, mentre le vittorie venivano pomposamente proclamate alla radio.

Quell'estate iniziò la Battaglia d'Inghilterra e ci furono nuove vittorie, ma altresì molte gravi perdite. Circa 2.500 caccia e bombardieri della *Luftwaffe* attaccavano i campi d'aviazione inglesi, con grande successo, inizialmente. Col tempo riportammo gravi perdite soprattutto tra i bombardieri, dato che i radar inglesi li potevano seguire i loro spostamenti su lunghe distanze. Sapevano dove avremmo colpito e potevano concentrare le loro forze da caccia in quei settori. I nostri lenti *Stuka* si rivelarono molto vulnerabili agli attacchi degli *Spitfire* e degli *Hurricane*.

Per contenere le perdite, molte Squadriglie da caccia tedesche dovettero volare come scorta ai bombardieri. Nonostante i britannici combattessero con valore, in breve tempo persero un quarto dei loro piloti da caccia, senza avere riserve per sostituirli.

E quindi Hitler prese un'altra disastrosa decisione. Ordinò di bombardare Londra come rappresaglia per l'attacco notturno del *Bomber Command* su Berlino. Ciò diede alla RAF il tempo per riorganizzarsi e salvando in ultima analisi l'Inghilterra.

Cominciò l'epoca dei bombardamenti notturni terroristici sulle città, e migliaia di civili su tutti i fronti morirono nell'inferno di fuoco. Ognuno accusava la parte avversa di avere dato inizio a questa pratica, ma una volta iniziato il gioco delle rappresaglie, non era più possibile fermarlo. Da ambo le parti si subì la perdita del migliore personale di volo, in gran parte giovani di vent'anni. Gli aerei che perdevamo si potevano sostituire, ma gli equipaggi no. Alla fine Hitler decise di rimandare l'invasione dell'Inghilterra.

Nel frattempo, Mussolini in cerca di un po' di gloria decise di attaccare i Balcani. Gli italiani non se la cavarono bene né nei Balcani né in Africa, e i tedeschi partirono in loro soccorso. In poche settimane le nostre truppe presero la Jugoslavia, la Grecia e Creta.

Quest'ultima ci costò cara, specie ai nostri paracadutisti che subirono pesanti perdite e non furono più impiegati massicciamente. Perdemmo 3.600 paracadutisti, 320 aviatori e 200 aerei da trasporto. Ma Creta fu la prima isola conquistata da sole forze aviotrasportate.

Il 10 maggio 1941 Rudolf Hess, il secondo in comando di Hitler, volò in Inghilterra su un *Me 110* per la sua personale missione di pace. L'avvenimento comunque non ebbe effetti sulla guerra: il governo britannico non era interessato a negoziare con lui, e Hitler lo dichiarò pazzo.

Il 22 giugno ebbe inizio l'Operazione *Barbarossa*, l'assalto alla Russia, l'estrema follia di Hitler. Così la Germania si trovò a combattere su tre fronti. I russi, poco preparati e colti di sorpresa, nella prima settimana persero oltre 3.000 aerei, e un milione di soldati restarono intrappolati nelle sacche di Bialystok, Smolensk, Kiev e Vjasma.

Le nostre truppe presero Sebastopoli, Odessa, Kharkov, e puntarono fino al Volga e al Caucaso. Tutto il giorno la radio trasmetteva bollettini trionfali. In autunno, le prime piogge trasformarono le primitive strade russe in un mare di fango. Ma le nostre truppe spingevano in avanti, e per dicembre giunsero alla periferia di Mosca. Avevamo già annientato un terzo delle forze dell'Armata Rossa, e la macchina della propaganda di Goebbels dichiarò: "La Germania ha vinto la guerra contro la Russia!"

Allora arrivò l'inverno russo, e di notte tutto gelava: carri armati, veicoli, armi, motori. I soldati, con addosso ancora le uniformi continentali, soffrirono terribilmente per la temperatura fino a -40°C, e l'offensiva si arrestò.

I russi mandarono al contrattacco truppe fresche dalla Siberia, ma la male organizzata continuazione dell'offensiva di Stalin fu fermata a marzo del 1942. Le nostre truppe tennero la linea e in breve arrivarono indumenti invernali ed equipaggiamento migliore.

Se Hitler non avesse insistito che si doveva per prima cosa ripulire le sacche dell'Ucraina, se non avessimo perso così diverse settimane, avremmo preso Mosca prima dell'arrivo del freddo.

Le cattive notizie si susseguivano. Il Generale Udet, responsabile della produzione dei nuovi aerei della *Luftwaffe*, prese diverse decisioni sbagliate. In seguito al biasimo di cui fu giustamente bersaglio, si suicidò nel novembre del 1941. Ufficialmente fu comunicato alla nazione che egli era morto in un incidente aereo, provando un nuovo apparecchio. Molti dignitari furono invitati al suo funerale; tra questi anche Mölders, Ispettore dei reparti caccia, che rimase ucciso durante il viaggio dalla Russia, quando il suo *He 111* si schiantò a causa della nebbia.

L'8 dicembre arrivò la notizia dell'attacco di Pearl Harbor e della dichiarazione di guerra USA al Giappone. Ora gli Inglesi avevano un potente alleato. Hitler non se lo aspettava. La *Blitzkrieg* si trasformava in una lunga guerra.

Vado in guerra

Alcuni dei miei amici avevano già lasciato la scuola ed erano entrati nelle Forze Armate. La scuola gli aveva conferito un "diploma superiore di emergenza"; ora rientravano a casa per la prima licenza. Due erano con la *Kriegsmarine* e uno con la *Flak*. I marinai erano già diventati sottufficiali, e le loro splendenti uniformi ci fecero una certa impressione. Anche noi non vedevamo l'ora di andare in guerra.

Mi aspettavo di essere richiamato da un momento all'altro e lasciai la scuola, ma poi dovetti aspettare altri 16 mesi. Per mantenermi trovai un lavoro d'ufficio in una fabbrica di proiettili d'artiglieria. Finalmente, l'8 agosto 1941, la *Luftwaffe* mi richiamò in servizio.

Passai da casa per salutare i miei genitori. Vedermi partire li rattristò, e fu lo stesso per Nina. Ero pieno di entusiasmo: la più grande avventura della mia vita stava per cominciare. Non avevo idea di ciò a cui andavo incontro.

Alla stazione fummo salutati da una folla numerosa. Eravamo "il fior fiore" della gioventù. Era con me il mio amico intimo e compagno di scuola, Paul. Fummo inviati in Francia per quattro mesi di addestramento di base.

Una volta, a Blois, ci fecero schierare in un piazzale e ci chiesero se volevamo diventare autisti. Questo aveva dei vantaggi, ma io volevo andare alla scuola di volo e non mi feci avanti.

L'addestramento fu duro. Qualunque spostamento andava fatto di corsa. I nostri istruttori erano come cani rabbiosi attaccati alle nostre calcagna. Ci divisero in gruppi di dodici uomini, ciascuno con un istruttore.

Per tutto il giorno nel campo venivano urlati i comandi: "Correre, correre: veloce, veloce! Sinistra, destra, dietro, avanti!". Dovevano spezzare i nostri spiriti indipendenti, per trasformarci da civili in soldati. Uno dei ragazzi cedette alla pressione e si sparò una fucilata. Lo seppellimmo a Orleans.

Quell'autunno fu piovoso, ed eravamo sempre nel fango.

Dovevamo lavare le nostre tenute da fatica tutti i giorni, e indossarli la mattina dopo ancora mezzi umidi. Pulire i fucili dal fango non era facile. A volte lavavamo sotto la doccia anche loro, anche se era strettamente proibito dal regolamento.

Dopo diverse settimane di addestramento rigoroso, ci venne permesso di andare in città alla domenica. La Resistenza francese uccideva i nostri soldati appena si presentava un'occasione, pertanto dovevamo spostarci in gruppi di almeno tre persone.

Ero un buon soldato, e il *Kommandant* mi nominò suo attendente. Questo per era un vantaggio, perché non dovevo più partecipare all'addestramento, e mangiavo alla mensa degli Ufficiali. Il cibo stava diventando un aspetto importante nelle nostre vite; spesso scarseggiava e cominciavamo a soffrire la fame. Dopo l'esame finale, dovetti fare ritorno alla mia unità. Ero il miglior tiratore del mio plotone. Due dei nostri non riuscivano a fare un punteggio abbastanza alto, e il comandante del plotone mi chiese di sparare al posto loro per fare punteggio. Ovviamente il *Kommandant* non ne sapeva nulla.

Solo il mio amico Paul ed io, tra tutto il Reggimento, volevamo andare alla scuola piloti. Dovevamo passare test medici ed attitudinali. Ci misero in un simulatore rotante, dove dovevamo riconoscere in quale assetto ci trovassimo. Poi dovevamo passare prove di volo ad alta quota per dimostrare che potevamo operare in quelle condizioni. Passammo anche esami di aritmetica e di geografia. Superammo tutto con ottimi risultati e fummo ammessi al corso per personale di volo.

Il nostro addestramento di base era finito. Alla cerimonia, nella piazza della cittadina, il reggimento prestò giuramento di "combattere per la Patria e il *Führer*— fino alla morte, se necessario."

Il giorno del trasferimento fu per me una grande delusione. L'incartamento dei miei esami era stato perduto e pertanto non potevo andare alla scuola di volo; finii invece col personale di terra in un campo d'aviazione presso Stettino.

Arrivò l'inverno e celebrai il mio primo Natale lontano da casa. Non fu una grande celebrazione; avevamo solo poche bottiglie di alcolici, vino e dolciumi.

La vita alla base era noiosa. Dovevamo fare la guardia all'aeroporto e ogni giorno maledicevo il mio destino. Ma prima di natale si tenne una gara di tiro tra i membri del plotone e vinsi il secondo premio: un pugnale della *Luftwaffe* su base marmorea, che possiedo ancora.

Una domenica pomeriggio andai al ristorante e incontrai una ragazza. Passai una sera piacevole con la bella Elfie e lasciandoci, ci demmo appuntamento per la sera successiva. Ma il giorno dopo fui trasferito ad un altro campo.

Pyritz era una cittadina che non aveva molto da offrire. Il nostro compito principale era fare la guardia a un solitario *Junkers W 34* da trasporto. Un vero spreco di risorse umane.

In città le ragazze ci aspettavano nei caffè. Ci sentivamo soli, ed eravamo impazienti di afferrare qualsiasi occasione si presentasse, fosse solo qualche bacio o amoreggiare nel parco col favore dell'oscurità. Restavo in giro oltre il coprifuoco, e dovevo scavalcare la recinzione a tarda notte per rientrare al campo.

Per mia fortuna non fui mai scoperto, altrimenti sarei finito in cella.

Dopo tre settimane fummo trasferiti a Reggio Calabria, in Italia meridionale. Almeno qui il clima era caldo, a volte anche troppo – quando dovevamo movimentare barili di benzina e rifornimenti per l'*Afrika Korps*. Di notte avevamo i turni di sentinella. Ci vennero date delle uniformi tropicali ed entrammo a par parte dell'*Afrika Korps*. Girava voce che presto ci avrebbero trasferiti in Africa, dove Rommel aveva messo in fuga gli inglesi.
In seguito all'operazione *Barbarossa* l'*Afrika Korps* dovette cavarsela con una Divisione leggera e una *Panzer*, che non rappresentavano una forza sufficiente. Ciononostante, l'offensiva di Rommel spezzò la schiena agli inglesi. Bengasi, Tobruk e Marsa Matruh occupavano i titoli dei giornali assieme ad un pilota da caccia di 22 anni, *Hauptmann* Marseille. In un anno era diventato il più grande asso in Africa, con 158 vittorie contro la RAF, quando rimase ucciso in un incidente. Il motore si guastò, e quando si lanciò dall'aereo urtò nei piani di coda.
Con la successiva offensiva Rommel portò l'*Afrika Korps* alle porte dell'Egitto. Ma ad El Alamein finì i rifornimenti. Gli Alleati lo fermarono, e l'*Afrika Korps* dovette ritirarsi.
Presto gli americani sbarcarono in Africa. All'inizio Rommel li colpì duramente, ma mancando i rifornimenti l'*Afrika Korps* si dovette arrendere nel maggio 1943. I 240.000 tedeschi e italiani che furono fatti prigionieri sarebbero serviti disperatamente in Russia. Furono così invece sprecati, solo per aiutare Mussolini, e tutto ciò non servì a nulla.
Imparammo che in guerra è la disponibilità di materiali ad essere decisiva nelle battaglie, non il coraggio dei soldati; e ciò fu vero fino alla fine.

Nella *Luftwaffe* tutto procedeva molto lentamente. Inoltrai nuovamente la richiesta di essere trasferito alla scuola di volo. Nel frattempo fui assegnato alla Polizia Militare; sempre meglio che i turni di guardia.
Finalmente, nell'aprile del 1942 fui trasferito alla *Flieger Anwarterkompanie* (Scuola preparatoria per piloti) a Klagenfurt, in Austria. Qui dovevamo aspettare il nostro turno per essere chiamati alla scuola di volo. Avevamo sentito dire che l'addestramento veniva posposto a causa della carenza di carburante. Probabilmente avremmo dovuto attendere ancora un po'.
Per tenerci occupati ogni giorno facevamo addestramento di fanteria, e qualche volta lavoravamo in cucina. Io lo odiavo, ma dovevo adeguarmi. Nei fine settimana facevo passeggiate in montagna, o andavo in barca sul lago.
Seppi che la vecchia unità cui ero appartenuto in Italia era stata mandata in Africa, e pochi mesi dopo aveva dovuto arrendersi agli Inglesi. Per fortuna me ne ero andato prima.

Nel luglio del 1942 la nostra unità fu trasferita a Le Havre, sulla Manica. La nostra *routine* quotidiana non cambiò molto, ma divenne un po' peggiore. Più addestramento di fanteria, e dovemmo anche costruire un percorso ad ostacoli dove gli istruttori ci costringevano a correre, giorno dopo giorno. Anche altri esercizi col fucile, alla fine dei quali le nostre mani e le nostre braccia erano indolenzite.

Eravamo nutriti male. Sempre affamati, a volte dovevamo rubare del cibo. Le razioni erano minime e bastavano appena per un pasto, colazione o cena. Io optavo per la cena e a colazione mi accontentavo di una fetta di pane.

Ogni giorno per pranzo c'erano patate e spinaci. I nostri sottufficiali ricevevano delle tessere annonarie e non mangiavano il cibo della mensa, ma dovevano comunque presentarsi e venire serviti. Appena se ne erano andati, molti di noi si davano volontari per rigovernare e poter così mangiare i loro avanzi.

Nell'agosto del 1942 gli Alleati tentarono di sbarcare a Dieppe. L'invasione in due giorni venne sventata, e 3.600 tra inglesi e canadesi furono catturati o uccisi. La nostra Batteria abbatté uno *Spitfire* che stava attaccando a bassa quota la nostra posizione. Lo spericolato pilota fu colpito in pieno da una salva della nostra *Vierlings-Flak* che gli costò la vita.

Un giorno domandarono dei volontari per la scuola per navigatori. Mi feci avanti, assieme a molti altri, solo per lasciare quel posto schifoso. Due giorni dopo eravamo su un treno diretto a Stolp, in Pomerania. Per me questo era ancora più gratificante in quanto lì vicino viveva Elfie, con la quale ero ancora in contatto.

Addestramento come navigatore-puntatore

Arrivammo alla *Kampfbeobachter-Vorschule 2* (Scuola preliminare navigatori-puntatori), a Stolp-Reitz, alla fine dell'agosto 1942. L'addestramento era interessante quanto impegnativo.

Ogni giorno si studiava navigazione, radiotelegrafia, meteorologia, geografia, riconoscimento di aerei e navi avversarie, tecniche di bombardamento, armi e sistemi d'arma.

Grande enfasi era data al bombardamento di precisione. Usavamo un sistema di puntamento elettro-ottico chiamato *Lotfe*[4]. Era una sorta di calcolatore, in cui si introducevano i seguenti dati: quota e velocità di volo, calibro e traiettoria delle bombe, e intervalli di sgancio. Il sistema quindi calcolava la velocità rispetto al suolo, la deriva e l'angolo al quale le bombe sarebbero state automaticamente sganciate.

Partimmo facendo pratica di passaggi di bombardamento, usando un sistema di puntamento montato su una piattaforma alta cinque metri. Al di sotto veniva proiettato un paesaggio, come quello che si sarebbe visto volando a grande altezza. Il paesaggio si muoveva e dava la sensazione di essere in volo. Potevano essere impostate diverse velocità, in base all'altezza rispetto a terra. Dovevamo puntare un bersaglio, sincronizzare la velocità rispetto al suolo ed eliminare l'angolo di deriva sinché il bersaglio non fosse apparso stabile nel mirino illuminato del visore.

Una volta padroneggiata questa tecnica passammo su un bimotore d'addestramento *Focke-Wulf 58*, sul quale dovevamo effettuare passaggi di bombardamento su una torre appositamente allestita all'aeroporto. In cima alla torre c'era una camera oscura, sul cui piano di proiezione si poteva vedere se le nostre bombe avrebbero colpito il bersaglio.

Il livello successivo consisteva nello sganciare una bomba di cemento da 50 kg su un bersaglio collocato in un remoto poligono di addestramento. Il bersaglio era una grossa croce su uno spiazzo livellato di terreno. Quando la bomba arrivava al suolo emetteva del fumo bianco. Ogni aereo portava quattro allievi e ciascuno in una normale giornata di addestramento doveva fare tre sganci. I risultati venivano registrati da personale di terra.

Ci allenavamo anche al tiro con le armi di bordo. Inizialmente sparavamo a terra, prima con la mitragliatrice *MG 15*, poi col cannoncino *MG FF* da 20 mm – le armi standard del navigatore.

---

[4] Abbreviazione per *Lotfernrohr* (telescopio verticale); il sistema *Lotfe 7*, introdotto nel 1941 e ispirato allo statunitense Norden ma migliorato e semplificato, dimostrò nel corso della guerra la sua eccellente precisione nel bombardamento in quota, equipaggiando la maggior parte dei bombardieri della *Luftwaffe*.

Tiravamo sulla vicina spiaggia, a una distanza di 800 metri.
Passammo al tiro al bersaglio dall'aria, volando a bassa quota.
I piloti si divertivano alle nostre spalle, perché non eravamo abituati alle virate strette o ai passaggi veloci raso al terreno. Ci mettevano a dura prova, e ci sembrava di venire strizzati a fondo. Sostituire i caricatori durante le virate non era facile, e richiedeva un bello sforzo muscolare.
Facemmo lunghi voli sopra Germania, Polonia, Cecoslovacchia e Francia per imparare la navigazione. All'inizio volavamo sul piccolo *FW 58*; poi per l'addestramento avanzato passammo all'*Heinkel He 111*. Questo era un vero bombardiere, e noi eravamo molto eccitati.
Dovevamo anche imparare a pilotare, e ad usare gli strumenti e i controlli della cabina dell'*He 111*; nel caso il pilota o l'ingegnere di volo fosse rimasto ucciso, noi avremmo dovuto prendere i comandi.
Imparammo anche ad operare con le apparecchiature radio in volo, a inviare e a ricevere in codice Morse fino a 60 caratteri al minuto. Insomma, il navigatore-puntatore doveva saper fare di tutto.
Andando avanti dovevamo passare numerosi esami; chi non ce la faceva veniva rimosso. Questo voleva dire, nel caso più fortunato, diventare un osservatore-mitragliere; altrimenti tornare ad un'unità di terra, come i paracadutisti o la contraerea.
Nei fine settimana eravamo liberi. Visitai Gotenhafen, dove vidi gli incrociatori da battaglia *Gneisenau* e *Scharnhorst* e l'incrociatore pesante *Prinz Eugen*. Erano arrivate da Brest, in Francia, poco dopo aver eluso il blocco degli inglesi. Erano magnifiche navi da guerra; lasciarle inutilizzate all'ormeggio fu un grave errore del nostro ammiragliato.
Solo i nostri *U-Boot* conducevano con successo la guerra sui mari, affondando centinaia di navi da trasposto e molto naviglio militare alleato. Prien e Kretschmer erano i più famosi comandanti di *U-Boot* di quel periodo.
Un giorno mio padre venne a visitarmi. Era la prima volta che ci vedevamo da quando ero partito soldato. Un fine settimana mi incontrai nuovamente con Elfie. Dato che avevo un limite di spostamento di 145 km, dovevamo incontrarci a Stargard, a metà strada. Rischiò di andare male, perché il primo giorno Elfie non arrivò. Allora telefonai ai suoi vicini e le lasciai un messaggio; così lei arrivò il giorno dopo e avemmo solo poche ore da passare assieme, ma fu lo stesso bellissimo. La volta dopo Elfie venne a trovarmi a Stolp ed ebbi la fortuna di avere la giornata libera. Alla sera ci dovemmo separare, e mentre ci avviavamo in silenzio verso il treno, ebbi la sensazione che non la avrei più rivista. Fu così.
Arrivò Natale ed ebbi la prima licenza. Andai a to Lodz a visitare Nina. Con nostra grande sorpresa, anche Paul era in licenza. Era ancora alla scuola di volo; non faceva grandi progressi a causa della perdurante carenza di carburante.

Paul e la sua fidanzata mi invitarono ad una festa di Natale. Irene era con la sua amica Jadzia, una bruna molto carina. Ballammo tutta la sera e ci divertimmo molto. Mi chiesero di fermarmi per la notte e finii a letto con Jadzia. O l'abbondanza, o la fame.

L'indomani andai a trovare i miei. Costruimmo l'albero di Natale, e sembrava di essere in tempo di pace. I vicini venero a trovarci e mi chiedevano notizie della guerra. Dopo le vacanze un telegramma pose fine alla mia licenza. Ero molto dispiaciuto; appena arrivato alla mia unità appresi che ci dovevamo trasferire alla scuola per navigatori a Thorn, in Polonia. Nell'estate del 1942 le nostre forze avevano lanciato una grande offensiva sul fronte russo meridionale. Avevano raggiunto Stalingrado e catturato metà del Caucaso. In appoggio avevamo 10 Divisioni ungheresi, sei italiane e cinque rumene. Queste forze erano composte di combattenti scarsi e inaffidabili; ce la saremmo cavata meglio senza di loro.

A metà novembre i rumeni abbandonarono il loro settore. Fuggirono lasciando dietro di sé tutte le armi e gli equipaggiamenti. Immediatamente i russi si spostarono nel settore lasciato libero e circondarono 22 Divisioni della nostra Sesta Armata sotto il comando di Paulus.

Göring disse che potevamo portare i rifornimenti necessari per via aerea e Hitler diede ordine di "combattere fino all'ultimo uomo!" Così fu fatto.

La *Luftwaffe* portava i rifornimenti, ma non riusciva a mantenere il volume richiesto di 100 tonnellate al giorno. Maltempo, nebbia e le basse temperature ostacolarono le missioni.

Alla fine del gennaio 1943 la Sesta Armata, rimasta senza cibo e senza munizioni, dovette arrendersi.

Le nostre perdite erano sconvolgenti. Di 245.000 uomini sopravvissero solo 90.000; di questi, solo 5.000 sarebbero tornati dopo la guerra. Perdemmo 488 tra bombardieri e aerei da trasporto, oltre 100 caccia e 2.200 aviatori. L'errore fu di Hitler che di non voler ascoltare i reiterati consigli dei suoi Generali di ripiegare. Così il destino della Germania fu deciso a Stalingrado, e fu l'inizio della fine.

Del resto i russi da soli non ce l'avrebbero fatta. Gli americani avevano fornito loro un'enorme quantità di materiali e oltre 2.000 aerei da caccia, e avrebbero continuato sino alla fine della guerra.

Alla *Kampfbeobachterschule 1* (Scuola per navigatori) continuavamo l'addestramento, con particolare enfasi sui voli di navigazione, sul bombardamento e sull'uso delle armi di bordo.

Eravamo ansiosi di entrare in azione il più presto possibile.

Dovevamo vincerla, questa guerra: ne andava della nostra sopravvivenza. Sapevo cosa ci aspettava come tedeschi in Polonia, se avessimo perso. Era una lotta per la vita o la morte.

Durante una missione d'addestramento di bombardamento me la vidi brutta.

Dopo aver sganciato le bombe ero nella gondola ventrale dell'*Heinkel 111*, quando il portellone si aprì accidentalmente e finii per metà fuori dall'apparecchio. Riuscii a malapena ad aggrapparmi e i miei camerati mi tirarono dentro. Volavamo a 4.500 metri, e non avevo il paracadute.

Spesso la notte dovevamo alzarci, perché suonava l'allarme e dovevamo recarci fino ai bunker che erano piuttosto lontani. Non ci bombardarono in realtà; erano gli Inglesi che portavano rifornimenti ai partigiani polacchi.

A giugno del 1943 finimmo l'addestramento e fummo trasferiti al *IV. Gruppe* del *KG 55*, di stanza a Digione, in Francia. Il *Kampfgeschwader 55*, chiamato *Greifen Geschwader*, nello stemma aveva un grifone rosso, che era anche lo stemma della mia famiglia.

Ci addestravamo al bombardamento, al tiro al bersaglio e alla navigazione volando su tutta la Francia, fino al Mediterraneo. Una volta volammo fino a Grenoble, al confine con la Svizzera, e vedemmo il famoso Monte Bianco. Una vista stupenda.

In città andavamo a comprare orologi e profumi: Chanel N. 5 e Tabu di Dana. Naturalmente, c'erano anche champagne e vino. Era un paradiso, poter comprare qualunque cosa, senza restrizioni. Purtroppo non durò: dopo quattro settimane ci trasferirono al *II Gruppe* a Wiesbaden, dove venivano formati gli equipaggi. Si cominciava a fare sul serio.

Fui assegnato al *Gruppenadjutant Oberleutnant* Frick, con il quale avrei volato vino alla fine della guerra. Gli altri membri d'equipaggio erano il marconista Sergente Will; il motorista Sergente Kamprath, e il mitragliere Caporale Schulz.

Di Wiesbaden mi piacevano gli alloggi, e il fatto di avere tutte le sere libere in città. C'erano ragazze a profusione. Frequentavamo un caffè che avevamo soprannominato *Peilbaracken* ("cabine radio"), dove le ragazze ci aspettavano impazienti. Ce la spassavamo insieme a loro: non sapevamo cosa ci avrebbe riservato la guerra.

Naturalmente le cose belle durano poco. Dopo quattro settimane noi navigatori fummo trasferiti a Greifswald, sul Baltico, dove ci allenammo a lanciare bombe su un simulacro di nave. Dopo qualche settimana ci spostammo a Landsberg in Baviera, una bella cittadina medioevale.

Facemmo pratica di "soccorso in mare", e pensammo che forse avremmo dovuto effettuare missioni sull'Inghilterra.

Ci furono anche i primi caduti. Un pilota rimase ucciso e il navigatore ferito gravemente in atterraggio con il loro *Heinkel*, quando l'aereo imbardò bruscamente e finì contro una catasta di bombe.

Partenza per il fronte Orientale

Alla fine dell'agosto 1943 fu ordinato alla nostra unità di partire per la Russia. Una splendida domenica mattina ci portarono sul campo d'aviazione. I nostri bombardieri erano schierati. I meccanici stavano scaldando i motori, che producevano un suono magnifico. Il nostro aereo portava la sigla *G1+AK*, "*Anton Kurfurst*," che avremmo mantenuto per tutto il conflitto anche sugli aerei che in seguito ricevemmo in sostituzione di questo.
Avevamo così tanto bagaglio che dovemmo caricarlo dalla torretta dorsale. Beh, noi aviatori viaggiavamo con un certo stile.
Mentre rullavamo sulla pista e si avvicinava il momento del decollo, aprii il portello dal mio lato della carlinga in modo da tenere sott'occhio il traffico che – con 32 bombardieri in movimento – era piuttosto intenso. Uno spettacolo indimenticabile.
Davanti a noi c'erano due *Heinkel* e il nostro *Gruppenkommandeur Oberst* Traub, era in decollo. Con i potenti *Jumo 211* che ruggivano il bombardiere si mosse sempre più rapidamente, si staccò dalla pista e manovrò lentamente a sinistra sino a scomparire. L'ufficiale ci diede luce verde e ci fece il saluto, come di consuetudine alla partenza di un bombardiere.
Chiusi il portello e mi allacciai la cintura. Frick diede tutto motore, e una volta raggiunti 185 km/h ci sollevammo. Facemmo un giro sul campo a 200 metri di quota, poi facemmo un passaggio basso, scuotendo le ali. Era il nostro saluto alle ragazze delle telecomunicazioni, che agitavano i loro fazzoletti in segno di addio.
Comunicai al pilota la prima tratta della rotta. Avremmo sorvolato la Germania, poi la Cecoslovacchia e la Polonia fino in Russia. Arrivammo alla nostra prima tappa di rifornimento, Lvov presso i Carpazi. Atterrammo e pranzammo alla mensa del campo mentre il nostro aereo veniva rifornito.
Poco dopo il decollo, stavamo sorvolando la Russia. La campagna era piatta e monotona, scarsa di insediamenti e villaggi; così era l'Ucraina. I motori andavano come orologi. Eravamo taciturni: probabilmente ciascuno pensava a quello che lo aspettava. Io naturalmente ero occupato con la navigazione, e come al solito non avevo tempo per fantasticare.
Nel tardo pomeriggio raggiungemmo il fiume Dnieper e la nostra destinazione, Dnepropetrowsk.
All'alba di un mattino nebbioso fummo trasportati all'aeroporto dove i bombardieri erano schierati. Nostri obiettivi, concentrazioni di truppe presso l'abitato di Anastazjewka, presso Rostov sul Mar Nero.

Ci allineammo a gruppi di tre e decollammo. Una volta in volo ci mettemmo in formazione.

Il volo in formazione era una novità per me. Era snervante volare così vicini; potevo osservare i piloti impegnarsi a fondo per mantenere le giuste distanze; sudavano, e noi con loro. Quando ci avvicinavamo troppo a un altro aereo, tenevamo gli occhi sui nostri paracadute.

Certamente io avevo il mio da fare con la navigazione. I 90 minuti passarono rapidamente, e non ci saremmo accorti di niente, se d'un tratto non udimmo per radio: *"Achtung – fertigmachen zum Abwurf!"* ("Attenzione! Pronti per lo sgancio!").

Ora avevo un bel daffare: aprire il portello delle bombe e regolare i selettori. *"Achtung, Bomben fallt"*: e le bombe filarono giù. Il nostro *Heinkel* balzò verso l'alto, liberato dal peso; le bombe cadevano come un innocente filo di perle. Una sfera di fuoco improvvisa: due bombe si erano scontrate in volo.

Poi vidi le esplosioni sull'obiettivo, dove 50.000 kg di esplosivo deflagravano: sfere di fuoco, zampilli di terra, nuvole di fumo a forma di fungo nero e giallo. Enormi esplosioni dove le bombe avevano colpito carri armati e depositi di carburante e munizioni. L'odore dell'esplosivo e degli incendi riempì la carlinga, insieme al cupo tuono delle esplosioni lontane.

Era l'inferno, là sotto, e non potevano essere scampati in molti. Ora avevo visto cos'era la guerra.

Allontanandoci trovammo un forte sbarramento contraereo, che però non ci disturbò.

Dopo l'atterraggio gli aerei furono riforniti e riarmati per la seconda missione della giornata. Il nostro obiettivo era Fedorowka, presso Taganrog sul Mar Nero.

Volammo sopra la steppa; c'erano qua e là insediamenti con nomi tedeschi. Svevi del Danubio avevano colonizzato queste terre chiamati da Caterina la Grande 200 anni prima. Ora ovviamente i tedeschi erano stati tutti deportati in Siberia dai comunisti.

A Taganrog, virammo verso l'interno. Nuovamente respirammo il lezzo del fronte che, ovunque, era in fiamme. Sganciammo le bombe sull'obiettivo e ci allontanammo.

Avevo appena chiuso il portellone quando il motorista mi disse sull'interfono che una bomba si era incastrata nel vano bombe. "Proprio quel che ci voleva, maledizione!"

Il giorno prima la stessa cosa era successa al nostro comandante di Squadrone nel corso della prima missione, e il suo aereo era esploso in aria. Il mio camerata della scuola per navigatori, Panewitz, era morto nell'incidente.

Pensavo a loro mentre sganciavo la maschera di ossigeno e andavo a controllare il vano bombe. Eccolo lì, il mostro nero da 50 kg di esplosivo, pronto a scoppiare da un momento all'altro. Non avevo scelta: dovevo andargli vicino. L'aereo scarrocciava e faticavo a tenere l'equilibrio; inoltre ero a corto di ossigeno perché stavamo volando a oltre 3.700 metri di quota.

In quell'istante sentii il suono delle nostre armi, poi quello dei proiettili che squarciavano la nostra fusoliera: eravamo sotto l'attacco di caccia nemici.

In mezzo a tutto ciò portai a termine la mia ispezione: la bomba non era ancora innescata. Sollevato, rientrai nell'abitacolo. I motori giravano sempre regolarmente e tutto sembrava a posto, ma una volta atterrati scoprimmo che l'ala destra era gravemente danneggiata. Il longherone principale era stato attraversato da due proiettili incendiari da 23 mm che avevano mancato il serbatoio alare di una trentina di centimetri. Non essere saltati in aria fu solo una questione di fortuna.

Per quel giorno non si poteva più volare: l'ala doveva essere sostituita. Mentre il nostro *Gruppe* ripartiva noi restammo a terra. Parlammo di cosa voleva dire essere sopravvissuti all'attacco di tre caccia nemici.

Quel tipo particolare di fortuna ci accompagnò per il resto della guerra. Certo, ci spiaceva non prender parte alla missione, ma al tempo stesso ci dicevamo: chi lo sa, cosa è stato meglio?

Capitava a volte che Frick fosse in servizio al posto di comando nel suo ruolo di attendente, e così anche noi dovevamo restare a terra. Io cercavo di passare quel tempo nel modo migliore possibile.

Grazie al fatto che parlavo russo, feci amicizia con una *panienka* (signorina) russa che mi invitò a passare la notte a casa sua. Per noi tedeschi ciò era strettamente proibito a causa dei *partizan* (le formazioni irregolari russe) – ma andai lo stesso. Era una bella ragazza bionda e molto simpatica, e per un po' riuscimmo a dimenticare che c'era una brutta guerra in corso. In teoria eravamo nemici: in realtà eravamo due giovani che provavano attrazione reciproca. Che assurdità, la guerra.

Le nostre armate erano impegnate in duri combattimenti sui bacini del Don e del Donez e sul Dnieper. I russi avevano lanciato una grande offensiva sul fronte meridionale, a Charkov e a Krasnoarmiejskoje. Le nostre truppe dovettero retrocedere.

Andavamo in volo ogni giorno, e il numero delle missioni compiute cresceva. Per alleviare la pressione sulle nostre ruppe a Charkov, il punto più critico, attaccavamo i carri armati russi nei loro punti di concentramento. Dopo aver lanciato le bombe a tappeto, vedevamo enormi deflagrazioni. Nelle foreste presso Izjum distruggemmo truppe e postazioni di artiglieria e rademmo al suolo la città di Krasnoarmiejskoje. I russi usavano intensivamente i loro efficaci lanciatori *Katyusha* (lanciarazzi multipli); questi erano perciò uno dei nostri principali obbiettivi, per quanto fossero difficili da individuare dall'alto.

Fummo presto trasferiti a Zaporozhye. La prima missione fu contro un campo d'aviazione. Durante il volo incontrammo diversi caccia *Yak* che però non osarono avvicinarsi: volavamo in formazione compatta ed avevamo troppa potenza di fuoco.

Avvicinandoci all'obbiettivo vedemmo una grande nuvola di fumo: il campo era stato già colpito dall'ondata precedente.

Sganciammo le nostre bombe a tappeto, centrando le piste e gli aerei parcheggiati. I russi subivano gravi perdite a causa dei nostri bombardamenti, e le loro formazioni di caccia reagirono. Incontrammo *MiG*, *LaGG* and *Yak*. Oltre a questi, gli Squadroni d'élite della Guardia volavano su *Airacobra e Thunderbolt* forniti dagli americani.

Volavamo in stretta formazione, e con la nostra potenza di fuoco concentrata ci difendevamo bene dai loro attacchi: il *Gruppe* abbatté diversi caccia perdendo solo uno dei nostri.

Il Sergente Caro, del 3° Squadrone, col quale avevo volato a Greifswald, fu colpito e dovette compiere un atterraggio di emergenza ma tutto l'equipaggio ne uscì incolume. Per fortuna, erano già dentro le nostre linee.

Le nostre truppe furono circondate ad Alexandria e dovemmo portare loro i rifornimenti.

Qualche settimana dopo arretrammo all'aeroporto di Kirowograd. Lo dividemmo con gli *Stuka* del famoso *Geschwader Immelmann*, al comando dell'*Oberst* Hans Rudel. Erano continuamente in missione, partivano e tornavano tutto il giorno. Alla fine della guerra, il solo Rudel aveva distrutto oltre 500 carri armati nemici ed era stato abbattuto 30 volte.

Una notte il campo venne attaccato dai bombardieri russi, e tutti corremmo all'aperto. Sentivamo i fischi delle bombe, che precedevano le assordanti detonazioni, a pochi metri da noi. Era la mia prima esperienza diretta di un bombardamento e, confesso, faceva spavento.

Poiché i bombardieri russi attaccavano spesso di notte venimmo alloggiati nel villaggio vicino, a casa di civili russi. Il vitto era eccellente e mangiavamo pollo tutti i giorni. Nel novembre del 1943 alcuni di noi vennero mandati al corso per sottufficiali presso il *IV. Gruppe* a Digione, in Francia. I tedeschi rispettavano sempre quanto dal regolamento; non importava se fossimo più necessari al fronte.

Il viaggio in treno richiese due settimane e fu abbastanza rischioso, a causa dei partigiani che facevano saltare continuamente le rotaie, uccidendo i nostri soldati e creando gravi problemi alle linee di rifornimento. Alla stazione, ogni soldato che stava per lasciare la Russia veniva disinfettato con polvere anti pidocchio e gli veniva dato un grosso pacco di generi alimentari.

Le quattro settimane di addestramento furono dure, ma ci godemmo gli acquisti in città e le serate ai *Soldatenheim* (locali per la truppa). Qualche volta visitammo il bordello dell'Esercito.

L'orchestrina suonava *In the Mood*, *Moonlight Serenade* o *Lili Marlene*. Graziose ragazze francesi ballavano con noi, o ci portavano nelle loro stanze dopo che alla porta avevamo pagato *madame*. Le ragazze erano molto pulite e gradevoli, e riuscivamo quasi a dimenticare che ci trovavamo in un bordello.

Poi, al piano terra ci aspettava un sergente armato di una siringa che chiamavamo *"Tripperspritze"*. Chiunque fosse stato con una ragazza riceveva un'iniezione disinfettante, che bruciava come l'inferno. Non importava che si fosse alla vista di tutti, sulla pubblica strada: era "l'efficienza germanica." Vi figurate quanti Sergenti stavano piazzati in tutti i bordelli dell'Esercito, invece di essere al fronte?

Alla base incontrai un mio camerata di Le Havre. Aveva tenuto duro e alla fine era riuscito ad essere ammesso alla scuola di volo. Aveva finito il corso da pilota, e ora trainava bersagli per la *Flak*. Non era molto eccitante, ma era soddisfatto. Gli altri erano finiti negli *Schlachtflieger* (cacciabombardieri) a compiere attacchi a bassa quota in supporto alla *Wehrmacht*. Forse erano stati loro i fortunati, ma chi può dire quale sia stato il destino di ognuno?

Una volta ricevuti i gradi da sottufficiale ottenni una licenza e andai a casa. Era di nuovo Natale.

Andai a trovare i miei genitori e Nina, e con grande sorpresa scoprii che anche Paul era in licenza. Era ancora in Cecoslovacchia e doveva ancora finire l'addestramento. Se la passava bene, aveva anche una fidanzata cecoslovacca.

Dalla sua ultima lettera, che ricevetti a gennaio del 1945, appresi poi che aveva finalmente concluso il suo addestramento ed era stato assegnato a uno Squadrone da caccia per la difesa del *Reich*. Morì in azione nel corso degli ultimi giorni della guerra, ma questo lo seppi solo dodici anni dopo. Nel 1958 fu finalmente sepolto a Colonia, la città dove dopo la guerra vissi per 10 anni. Lo scoprii il giorno del matrimonio con la mia seconda moglie, Irmgard.

Come al solito, un telegramma fece finire la mia licenza con diversi giorni di anticipo. Una volta presso la mia unità, appresi che non stava succedendo niente di speciale, e questo mi irritò non poco.

La battaglia dell'Ucraina

Nel dicembre del 1943 i russi lanciarono la loro grande offensiva invernale e presero Kiev, Zitomir e Korosten. A gennaio del 1944 entrarono in Polonia, a dispetto delle tormente di neve e delle pessime strade. L'offensiva di primavera partì da Shepetowka, e fu resa possibile dal largo utilizzo di mezzi da trasporto forniti dagli americani.
Al momento del mio rientro dalla licenza il nostro *Gruppe* era stato arretrato presso la Vistola.
Il *Kampfgeschwader 55* fu riequipaggiato per compiere missioni notturne. Iniziammo l'addestramento con i piloti e facemmo pratica di decollo e atterraggio notturno.
Il pilota di uno degli aerei aveva detto a Franz, il suo navigatore, di rimanere a terra dato che era il loro ultimo volo d'addestramento. Subito dopo il decollo l'aereo si schiantò e il pilota rimase ucciso con gli altri due membri dell'equipaggio. Corremmo tutti al punto dell'impatto ma non potemmo fare nulla. L'aereo era esploso al momento dell'impatto, incendiando alcuni casali.
Poche settimane dopo si schiantò un altro aereo. Il pilota aveva compiuto oltre 500 missioni.
La cosa più triste era ricomporre i corpi dopo un incidente, compito che ci toccò parecchie volte. Gli uomini furono seppelliti con gli onori militari in un cimitero solitario e i loro parenti vennero ad assistere, cosa piuttosto rara in guerra.
I nostri bombardieri vennero modificati per portare bombe più pesanti – fino a 2.000 kg – che venivano agganciate all'esterno dell'aereo. La nuova livrea mimetica prevedeva un fondo nero punteggiato di striature bianche a macchia di leopardo. I tubi di scarico dei motori erano schermati per nascondere le fiamme dei gas di scarico.
Volavamo sul modello più recente, l'*He 111 H-22*, con i potenti motori da 1.750 HP e la torretta superiore che poteva girare a 360°. Era armato con tre mitragliatrici pesanti da 13 mm modello *MG 131*, e con due mitragliatrici binate *MG 81* da 7.92 mm[5].
Come navigatori, ci fu insegnato a fare il punto basandoci sulle stelle. Una notte sorvolammo Lodz, la mia città, dove vivevano Nina e tutti i

---

[5] L'armamento iniziale degli *Heinkel 111* di 3 mitragliatrici *MG 15* da 7,92 mm (versione *P-1*, 6 nella *P-4*), portato poi da 5 (*H-2*) sino a 7 (*H-3*), fu integrato su alcune versioni da un cannoncino *MG FF* da 20 mm in posizione frontale e talvolta anche da uno nella posizione frontale della gondola ventrale. In seguito le *MG 15* furono sostituite dalle più rapide e compatte *MG 81* singole e *MG 81Z* binate da 7,92 mm e dalle mitragliatrici pesanti *MG 131* da 13 mm (dall'*H-16*).

miei parenti. Se solo avessero immaginato quanto mi trovavo vicino e al tempo stesso, così lontano. La città era illuminata, cosa che durante la guerra era vista insolita. Poche settimane dopo la sorvolammo ancora, ma di giorno.

Alla base costruivamo rifugi antiaerei, che non avevano utilità pratica. Ultz, nostra base, era circondata dalle forze partigiane. A volta gli davamo la caccia, senza successo. Ci vedevano nella neve da ben lontano, e avevano il tempo di sparire nelle foreste. Spesso attaccavano una proprietà nelle vicinanze, ma non osarono mai avvicinarsi al nostro campo. Era arrivata la primavera, un sollievo dopo quel rigido inverno.

Un giorno ci venne dato il compito di trainare un aliante da trasporto *Gotha 242* dal campo di Demblin. Pesava a vuoto più di tre tonnellate, e poteva portare 19 uomini più l'equipaggiamento.

Il nostro pilota aveva già esperienza di alianti, avendo trainato il *Me 321*; ma per portare in aria questo mostro, ci volevano tre *Heinkel 111*.

L'aeroporto, già corto per i decolli normali, era critico con un aliante al traino. Ce ne rendemmo conto nel momento in cui stavamo filando verso la fine della pista: ce ne restavano solo 50 metri, ed eravamo ancora a terra. Sapevamo di non potercela fare, ma non potevamo tornare indietro. Eccoci alla recinzione: Frick tirò la barra tutta indietro. Sobbalzammo, ma continuammo a rollare sul campo. Alla fine ci staccammo, reggendoci appena in aria, a 190 km/h.

Dritto avanti ci attendeva il prossimo ostacolo, un complesso abitativo di cinque piani. Salivamo lentamente, ma era decisamente più alto di noi. Ce la avremmo fatta? Eravamo vicinissimi quando all'ultimo momento Frick tirò la leva e saltammo sopra i tetti. Non volemmo più trainare alcun aliante.

Ci allenammo nel bombardamento e nell'uso delle armi di bordo. Vinsi il terzo premio alla gara di tiro dello Squadrone, due chili di zucchero. Lo trasformammo in *Barenfang* – un alcolico conosciuto dai tempi degli antichi Germani. Ogni volta che il tempo era cattivo venivano distribuiti alcolici. Facemmo bisboccia tutta la notte, e tutta la Squadriglia finì ubriaca.

Al mattino arrivò l'ordine di effettuare una missione di rifornimento sulla piazzaforte di Kovel, accerchiata dai russi. Mentre ci portavano al campo, alcuni di noi non erano ancora del tutto sobri. Il nostro mitragliere aveva ancora dei baffi finti disegnati in faccia, che gli togliemmo con della neve gelata.

Volammo fino a Baranowicze, su un altro aeroporto a circa un'ora di distanza, per fare il carico di contenitori aviolanciabili da rifornimento.

In seguito, mentre ci avvicinavamo a Kovel, iniziò la contraerea. Picchiammo da 2.000 metri sulla città, richiamando a 100 metri per fare un passaggio sulle case. Sganciai i contenitori e vidi tutti i paracadute aprirsi

— tranne uno, il cui contenitore rimbalzò sul terreno e centrò il muro di una casa, che sparì in una nuvola di polvere.

Diverse settimane dopo lessi in un giornale il racconto di un Generale delle *SS*, comandante della piazzaforte di Kovel, in cui descriveva la sua spiacevole esperienza: un contenitore di rifornimenti aveva centrato la stanza accanto al suo quartier generale[6].

Ci allontanammo da Kovel a bassa quota seguendo la ferrovia. D'un tratto ci apparve un carro armato russo, dietro al quale si riparavano dei soldati. Fu tutto così veloce che fummo colti tutti di sorpresa, e nessuno sparò un colpo. Pochi minuti dopo arrivammo alle linee tedesche. I nostri carristi dei *Panzer*, in mimetizzazione invernale, ci salutavano con la mano. Era una rara occasione, per noi, di vedere la guerra così da vicino. Per gran parte del tempo la vedevamo solo da una grande altezza.

Dopo aver caricato nuovamente a Baranowicze decollammo con tre bombardieri per la seconda missione. Incontrammo un caccia tedesco in pattuglia; tutto sembrava normale *routine*, quando improvvisamente il motore sinistro cominciò a vibrare e, dopo un'esplosione, prese fuoco. Perdevamo velocità e quota molto rapidamente, lasciandoci dietro una scia di fumo nero.

Gli altri aerei allargarono la formazione distanziandosi da noi. Chiudemmo l'alimentazione al motore in fiamme e cominciammo una ripida planata. Sganciai i contenitori in una foresta; ciononostante perdevamo quota sempre molto rapidamente. Poi mi ricordai che avevamo ancora una grossa cassa sotto la fusoliera, che doveva essere sganciata a parte. La sganciai e vidi la grossa cassa di legno, piena di cioccolata, finire su una linea ferroviaria ed aprirsi. Da una stazione nei pressi molte persone corsero verso la cassa: era un regalo del cielo.

A 400 metri riuscimmo a spegnere l'incendio e a mantenere la quota. L'elica fu messa in bandiera e in qualche modo una mezz'ora dopo eravamo rientrati al campo. Scoprimmo che un tubicino dell'olio si era spezzato e aveva causato l'incendio. Dovettero sostituire il motore e noi andammo in città a festeggiare con qualche bicchiere il nostro fortunoso rientro.

Due giorni dopo, alla base, venimmo a sapere che un aviatore della nostra unità era rimasto ucciso sopra l'obbiettivo. Pochi giorni prima era con noi a festeggiare. Una delle nostre canzoni popolari dice: "Oggi rosso – domani nel fosso"[7]. Proprio vero.

---

[6] Testimonianza del comandante della *SS-"Wiking" SS-Obergruppenführer* Herbert Gille.

[7] "*Heuten Rot – Morgen Tot*", detto tradizionale tedesco.

"Bomberstrom Ost"

Il comando della nostra *Luftflotte 6*, che conduceva le operazioni aeree sul fronte Orientale, organizzò nell'aprile-maggio 1944 l'operazione *"Bomberstrom Ost"* ("Fiume di bombardieri a Est"), volto a distruggere ed interrompere le linee di rifornimento russe dirette al fronte. Le nostre Armate lottavano disperatamente per arginare le orde nemiche. Combattevamo contro quantità esorbitanti di uomini e di materiali.

L'Alto Comando decretò l'uso in numeri concentrati dei *Kampfgeschwader* di bombardieri che restavano. Sino a 300 bombardieri pesanti vennero assegnati per ognuno degli obiettivi, che erano le linee ferroviarie lungo il fronte. 500.000 kg di bombe vennero sganciate nel corso di un solo attacco, con la distruzione di circa 2.000 vagoni ferroviari. Dei treni carichi di carburante e munizioni, una volta che gli fummo passati sopra, non rimase niente.

"Bomberstrom" ebbe un enorme successo, e venimmo citati per primi in tutti i bollettini della *Wehrmacht*. Eravamo fieri di averne fatto parte, e credevamo ancora di poter vincere la guerra.

Le missioni notturne richiedevano una preparazione e pianificazione particolarmente accurate.

Di pomeriggio, il *Gruppe* si radunava nella sala riunioni, dove il comandante ci comunicava l'obiettivo. Ad ogni navigatore venivano fornite fotografie aeree e tutte le informazioni. Dopo l'aggiornamento sulle condizioni meteo, noi navigatori calcolavamo a tavolino la rotta e il tempo di volo e le regolazioni dei dispositivi di puntamento in base all'altitudine dell'obiettivo, alla quota di volo, al calibro delle bombe e agli intervalli di sgancio. Poi andavamo in mensa a cenare. Al crepuscolo ci preparammo, indossando le combinazioni di volo, caricando le armi e le mettendole in posizione di sicurezza. Infine, ci mettemmo gli stivaloni e i caschi di cuoio.

Io portavo una cassetta che conteneva le cartine, il calcolatore, il plotter, una torcia elettrica e una luce ultravioletta (in modo da poter leggere le mappe al buio). I mezzi ci portarono all'aeroporto un'ora prima del decollo. Non c'era mai nulla di affrettato; salivamo sul bombardiere 30 minuti prima del decollo.

I meccanici nel frattempo avevano preparato i motori. Prima del decollo c'erano un sacco di controlli da fare nella carlinga. Io dovevo occuparmi del dispositivo di puntamento, dei selettori, dell'ossigeno e del paracadute. Nel frattempo il pilota aveva acceso i motori; prima che questi partissero, si udiva il suono sibilante degli avviatori. I *Junkers* da 1750 HP si svegliavano con un ruggito. Non si poteva udire neanche la propria

voce finché l'interfono non veniva acceso.
Aprii il portello della carlinga dalla mia parte e mi sistemai in modo da poter vedere fuori. Rullammo verso la pista di decollo, dove un Ufficiale sulla pista dava ogni 90 secondi il segnale di partenza a un bombardiere. Arrivato il semaforo verde anche per noi, l'Ufficiale ci fece il saluto e io chiusi il portello. I motori a pieno regime, prendemmo velocità finché, a 185 km/h, ci librammo nel cielo nero.
Se avessimo perso un motore in questo momento, non avremmo avuto possibilità di salvezza. Con 2 tonnellate di bombe e 4.200 litri di carburante a bordo, avremmo colpito il suolo in pochi secondi, esplodendo all'istante. Era questo il "momento della verità" per un bombardiere.
A 300 metri Frick ridusse i giri, e fu come il rombo di tuono si fermasse. Ora ci potevamo rilassare. Con una virata ci portammo sul circuito di attesa stabilito: una volta che tutti gli aerei vi fossero entrati, si poteva partire tutti assieme. Questo era fondamentale, perché l'attacco era pianificato al minuto, e ciascuno doveva seguire una tempistica esatta.
D'un tratto vedemmo improvvisamente delle luci di posizione che puntavano dritte a noi. Picchiammo così velocemente che ci sollevammo nei sedili. All'ultimo momento Frick richiamò l'aereo e vedemmo un'ombra nera scivolare sotto di noi. Si sentì in cuffia una voce adirata che diceva: "Chi è l'idiota che ci è quasi venuto addosso?" Era l'*Hauptmann* Schroder, comandante di Squadrone del Primo.
Diedi la rotta per Sarny, il nostro primo obiettivo. Sotto di noi, una pallida luna si rifletteva nelle famigerate paludi di Pripet.
Una volta, uno dei nostri equipaggi dovette compiervi un atterraggio d'emergenza. Quando si posarono, acqua e fango invasero la fusoliera. Ebbero un conflitto a fuoco con i partigiani, e nello scambio di colpi ne uccisero uno. Riuscirono ad arrivare alla strada e furono raccolti da un mezzo militare. Pochi giorni dopo tornarono in volo sul posto e distrussero il nascondiglio dei partigiani.
A 2.500 metri si inserivano i turbocompressori, e a 4.000 metri ci dovevamo mettere le maschere dell'ossigeno.
Arrivammo sull'obiettivo: gli aerei designatori di bersagli avevano già piazzato le bombe illuminanti. Un marcatore rosso ardeva sul terreno, ed io iniziai l'attacco. Vedevo l'obbiettivo a 80 gradi davanti a noi. Piazzai la luce verdognola del mirino sull'obiettivo. Ora, dovevo sincronizzare la velocità rispetto a terra, e sottrarre l'angolo di deriva. L'obiettivo si spostò di cinque gradi: inserii le correzioni. Stavo pilotando io l'aeroplano ora, con un comando che controllava il timone, mentre il pilota manteneva stabile la quota. L'obiettivo, nella mia ottica, era adesso fermo e stabile. A 28 gradi le bombe si sganciarono automaticamente, e 14 secondi dopo colpirono il treno. I globi rossi delle esplosioni si levarono verso il cielo.

Contraerea media e pesante sparavano selvaggiamente. Traccianti rossi si levavano cercandoci, come fili di perle. Facemmo una virata piena e cominciammo il secondo passaggio, ma nel frattempo le bombe illuminanti avevano riempito di fumo l'area del bersaglio. Non riuscivo quasi a distinguerlo ed eravamo ormai troppo vicini per effettuare qualunque correzione. Decisi quindi di abortire il passaggio.

Il mio motorista, nervoso e scosso dalla forte contraerea, perse la testa e cercò di afferrare il comando di sgancio di emergenza delle bombe con l'intenzione di sganciare le bombe tutte assieme. Riuscii appena a fermarlo. Le mie bombe non sarebbero finite in un campo di patate.

Feci altri due passaggi sull'obiettivo. Quelli della contraerea sparavano come pazzi. I traccianti rossi e bianchi sembravano fiocchi di neve in una tormenta. Nell'interfono sentii Hans, il radiotelegrafista, che si lamentava: "Oh mio Dio, oh mio Dio!"

Una volta che la missione fu compiuta, prendemmo la strada di casa. Tornammo diverse volte a Sarny, tanto che nacque questo modo di dire: "Dove si vedono i *gentlemen* nel fine settimana? Ma al bar di Sarny, ovviamente!"

Il nostro motorista aveva i nervi a pezzi a causa delle missioni notturne e chiese il trasferimento alla "difesa del *Reich*." Voleva diventare pilota da caccia, ma c'era ancora meno portato. In seguito sapemmo che era entrato in servizio nella *Feldgendarmerie* presso una stazione ferroviaria. Al suo posto arrivò il Sergente Heinemann, che volò con noi sino alla fine.

Volavamo ogni notte sul fronte meridionale. Kiev, Fastov, Korosten, Shmerinka, Sarny, Shepetovks, Kazatyn e Vinniza furono i nostri obiettivi.

Il fronte era in fiamme fin dove potevamo vedere e quando gli volavamo sopra, l'odore degli incendi riempiva la carlinga. Al suolo, vedevamo i traccianti delle artiglierie e dei carri armati.

I nostri aerei da ricognizione erano impegnati a cercarci degli obiettivi, e alla notte noi andavamo a raderli al suolo.

L'attacco più spettacolare che io ricordi fu quello a Korosten; non avevamo mai visto fuochi artificiali del genere. Il piazzale era pieno zeppo di carburante e munizioni. Le nostre bombe, e quelle degli altri aerei, centrarono l'obiettivo. L'inferno si scatenò, i treni volarono in aria, esplosioni fino a 500 metri di altezza si susseguivano come in un meccanismo d'orologio. Contai: 5-10-20-30 esplosioni mentre ce ne andavamo, e 20 minuti dopo continuavamo a vederne di nuove.

Ma non sempre andò così bene. Una volta arrivammo sopra Shepetovka e una densa nuvolaglia copriva l'obiettivo. 300 bombardieri la affollavano, girando sopra l'area; per nulla divertente. Presto cominciammo a incrociarci; vedemmo all'ultimo secondo due bombardieri che ci

venivano addosso, riuscendo a passare pochi metri sotto di noi, e più volte finimmo sballottati nella scia delle eliche degli altri aerei.
Dopo 45 minuti che giravamo sopra l'obiettivo una voce rimbombò nella radio: "Un, due, tre – chi è che ha la palla?" Tutti risero, poi si sentì la voce del *Kommodore*: "Ho ordinato il silenzio radio totale!" e poco dopo: "Si attacca l'obiettivo di riserva, Shmerinka!" Ora ero occupato a tracciare la nuova rotta.
L'obiettivo di riserva non diede problemi e lo colpimmo con buoni risultati. Ivan non era contento però, e sparava come un pazzo.
Al ritorno presi i comandi come copilota. Dopo l'atterraggio ci portarono alla sala riunioni e feci rapporto. Più tardi fu il momento di un buon pasto caldo in sala mensa.
Andammo a letto che già spuntava l'alba. Pur essendo molto stanco, il silenzio improvviso mi rimbombava nelle orecchie e ci misi un po' a prendere sonno.
Una chiara notte d'inverno attaccammo Fastov. Facevo "navigazione Flak" sul territorio nemico: quando ci avvicinavamo a una città, i russi aprivano il fuoco contraereo, mostrandoci così la loro posizione.
Arrivati all'obiettivo vedemmo grandi incendi ed esplosioni. I designatori di bersaglio e i bombardieri stavano facendo un buon lavoro. Nonostante la forte contraerea piazzai le bombe dritte nell'obiettivo.
D'un tratto per radio si sentì il messaggio: "Attenzione! Siamo stati colpiti e dobbiamo lanciarci!" Provai pena per quei poveri diavoli: si dovevano gettare da 4.500 metri di quota nella gelida notte invernale per andare incontro a una morte sicura. I russi infatti passavano per le armi tutti i nostri aviatori.
In seguito appresi che era un equipaggio del *III. Gruppe*, alla loro prima missione. Due mesi dopo, uno di loro fece ritorno. Dei partigiani russi che combattevano contro i comunisti lo avevano trovato e portato in salvo. Aveva fatto 400 km su un carro a cavalli, fino alle nostre linee; un vero miracolo in una guerra così spietata. Il *Fähnrich* (allievo) lanciandosi dall'aereo si era fratturato le gambe urtando contro il piano di coda.
Nel frattempo noi stavamo rientrando, e cominciavano i guai. Ci mancavano 100 km per arrivare alle nostre linee quando si fermò un motore. Mettemmo l'elica in bandiera, e assieme al motorista aiutammo il pilota a dare timone opposto per contrastare l'imbardata dell'unico motore, atterrando senza problemi due ore dopo. Fummo fortunati a farcela.
Ci capitò quattro volte di perdere un motore ma riuscimmo sempre a rientrare alla base; non danneggiamo mai neanche il velivolo, atterrando con un motore solo.
In seguito il personale di terra fu ridotto e mandato al fronte. Gli equipaggi perciò dovevano far la guardia agli aerei dopo le missioni; stare attenti ai partigiani nella neve e nel ghiaccio non era molto divertente.

In aprile arrivò l'ordine di fare i bagagli e trasferirci a Focsany, in Romania. Si stava evacuando la Crimea e dovevamo effettuare missioni di copertura.
Partimmo sul nostro *"Anton Kurfurst"* alle 9:00 e volammo a 800 metri seguendo il corso della Vistola. Una volta arrivati ai Carpazi salimmo a 2.500 metri; c'erano molte turbolenze. Superate le montagne sorvolammo la Slovacchia e l'Ungheria. Il terreno divenne piatto e scendemmo di quota, passando a 200 metri sopra la *Puszta*. Vedemmo una mandria di cavalli al galoppo e facemmo un passaggio radente. Fu una vista unica e indimenticabile, sembrava di essere nel Far West.
In Jugoslavia facemmo rifornimento e ripassammo le montagne, arrivando al Danubio e alla "Porta di ferro." Sembrava una lezione di geografia, sorvolare tutte queste note località. Sopra la Romania, la gente dei paesini sonnacchiosi ci guardava sorpresa, chiedendosi cosa stesse succedendo. Non lontano da Bucarest virammo verso nord, e avvicinandoci alla nostra destinazione vedemmo arrivare anche gli altri bombardieri del *Gruppe*.
Atterrammo alle 17.00, e dovemmo dormire sul pavimento di una caserma lurida. La notte dopo partimmo per un volo di 200 km sul Mar Nero, verso la Crimea. Un bombardiere dovette rientrare per problemi ai motori. La notte successiva volammo ancora in missione e con questa, l'evacuazione della Crimea fu completata.
Durante il decollo per il volo di ritorno vedemmo un *Heinkel* perdere una ruota, che rimbalzò sulla pista e si fermò in una nuvola di polvere. Per radio sentimmo l'*Hauptmann* Schroder dire di tutto al pilota.
Arrivato a Ulez, trovai una lettera da una ragazza che non avevo mai incontrato, ma che alla fine della guerra sarebbe diventata mia moglie.
Il 20 aprile 1944, giorno del compleanno del *Führer*, il nostro Squadrone fu radunato. Vennero assegnate promozioni, e decorazioni al valore e al merito. Insieme ad altri tre fummo promossi a *Unteroffizier* (Sottufficiali). Di fronte allo Squadrone schierato il comandante ci strinse la mano e ci consegnò i gradi. Fui anche insignito della Croce di Ferro di 2ª Classe e della *Frontflugspange*, la Barretta per voli operativi su bombardiere. Quel giorno ero molto fiero, specialmente per essere diventato Sottufficiale. Ci fu da bere e tutti festeggiarono.
Come Sottufficiale avevo anche diritto a un salario versato in uno speciale conto in banca congelato. Fu una mossa scaltra da parte del regime nazista per finanziare la guerra a spese nostre. Non vidi mai quel denaro, e dopo la guerra persi tutto.

Con i designatori di bersagli

Il Comando del *Gruppe* cercava dei "designatori di bersagli" per un'unità di *Zielfinder*[8], perciò fu fatto un concorso tra i puntatori. Dovevamo sganciare otto bombe da una quota tra i 1.800 e i 2.700 metri. Feci il miglior punteggio, e a maggio del 1944 il mio equipaggio fu trasferito al *III. Gruppe* del *KG 4*, noto come *"General Wever"*. Ne fui molto fiero; solo i migliori equipaggi venivano assegnati ai Gruppi di designatori di bersagli.

Un designatore di bersagli ha un lavoro di grande responsabilità, in quanto l'esito dell'intera missione dipende da lui. Sganciavamo dei contenitori che si aprivano 100 metri sopra l'obiettivo spargendo 145 bombe incendiarie, munite di paracadute come i bengala, in un largo cerchio. L'Ufficiale responsabile dell'attacco circuitava sopra l'obiettivo e dava istruzioni agli equipaggi dei bombardieri su dove puntare, in base alla posizione dei marcatori che bruciavano sul terreno. Dato che questi duravano solo cinque minuti, il loro sgancio andava ripetuto quattro volte nel corso dell'attacco da ciascuno degli equipaggi segnalatori. Volavamo a 3.000 metri e gli altri bombardieri a 5.000. Sganciavano le bombe sulla nostra testa, ma non avevamo tempo per pensarci. Volare volta dopo volta in mezzo alla pesante contraerea era una distrazione sufficiente.

Perdemmo quattro aerei per collisioni, volando sugli obiettivi; era un pericolo costante, girando per un'ora in mezzo a 300 bombardieri.

Il *III. Gruppe* stava provando le nuove apparecchiature per la navigazione. Una di esse tracciava le rotte seguite e le segnava su una mappa. Era il sogno di tutti i navigatori. Un altro ausilio usava due segnali radio, trasmessi da due stazioni distinte, da seguire fino all'obiettivo. Questo permetteva all'equipaggio di bombardare l'obiettivo senza vederlo. Era uno strumento molto accurato.

I designatori di bersagli erano come pompieri, venivano chiamati nei settori più critici del fronte Orientale. Volavamo sempre più a lungo man mano che ci si ritirava, e molte missioni duravano anche cinque o sei ore. A volte dovevamo fare rifornimento lungo il cammino per riuscire a rientrare, specialmente quando volavamo nei settori centrale e settentrionale del fronte. Tra i nostri obiettivi c'erano Nevel, Velikie-Luki, Smolensk, Pskov, Bobruisk e Berditschev.

---

[8] Come i bombardieri *Pathfinder* della RAF, anche la *Luftwaffe* creò dei reparti di volo specializzati con aerei-guida scortanti le formazioni di bombardieri nella navigazione verso gli obiettivi (*Zielfinder-*), nella loro designazione tramite bombe a grappolo incendiarie (*Zielmarkierer-*) e nell'illuminazione dell'area dell'obiettivo con lancio di bengala (*Zielbeleuchter-*).

La nostra prima missione come *Zielfinder* ci portò ad una località ben nota: Sarny. Avevo appena sganciato il marcatore al centro dell'obiettivo, l'*Oberleutnant* Veith stava annunciandolo alla radio, quando il primo grappolo di bombe colpì proprio sopra il mio marcatore di bersaglio, spegnendolo. Maledissi il puntatore che aveva colpito con tanta precisione. Dovetti fare un altro passaggio per ripristinare il marcatore, mentre ci Ivan andava giù pesante con la *Flak*.

Durante una missione su Smolensk perdemmo il nostro *Gruppenkommandeur*. Fu colpito a un motore sopra l'obiettivo, e per radio disse che sarebbe rientrato con uno solo motore. Invece non ce la fecero. Una volta persi i contatti non si seppe mai più nulla di loro.

A giugno, un pomeriggio, un nostro aereo da ricognizione incontrò un centinaio di *B-17*. Li seguì e prese nota di dove atterravano; lo comunicò al Comando e la notte stessa partimmo in missione su Poltava, dove distruggemmo a terra 43 *B-17* e 15 *P-51* (raid di Poltava)[9].

Il nostro *Ju 88*, decollando da Bialystok per una missione di ricognizione, si schiantò in decollo. Tutto l'equipaggio perì, e di nuovo ci toccò seppellire dei nostri vecchi camerati. Quanti ne avremmo ancora persi? Dopo ogni incidente ognuno di noi si chiedeva chi sarebbe stato il prossimo.

Quello stesso mese ci spostammo a Nasielsk, e successivamente a Thorn. Un anno prima vi avevo seguito il corso da navigatore, e ora da qui partivo in missione contro la Russia. L'attacco al nodo ferroviario di Klinzy, in particolare, non lo scorderò mai.

Partimmo prima che calasse la notte. L'obiettivo, a 500 km sud-ovest di Mosca, si trovava lungo la linea Gomel-Bryansk. Il nostro bombardiere e altri due dovevano occuparsi di segnalare l'obiettivo. Gli altri due ebbero noie ai motori, e rientrarono presto alla base.

---

[9] Nel febbraio 1944 i russi concessero alla *8th* e *15th Air Force* l'uso dell'aeroporto ucraino di Poltava per condurre delle missioni-navetta di bombardamento con i propri quadrimotori *Boeing B-17* (operazione *Frantic*), con voli di guerra tra basi in Inghilterra e sud Italia e basi russe e viceversa. Il 21 giugno 1944, circa 200 bombardieri *Heinkel 111* dei *KG 4, 53, 55* (quest'ultimo con ben 91 aerei) e *27* (che però non riuscì a partecipare al raid all'ultimo momento) furono mobilitati per l'attacco alle formazioni di *B-17* e di *P-51* di scorta di ritorno agli aeroporti di Poltava e Mirgorod. Alle 00.30 della notte tra il 21 e il 22 giugno, gli *Heinkel 111* arrivati sull'obiettivo condussero un attacco da manuale in uno dei raid aerei più devastanti del conflitto, sganciando da media quota bombe *SC 50*, a grappolo *SD* e incendiarie, seguiti alle ore 02.00 da una seconda ondata di Heinkel attaccanti a bassa quota con bombe a grappolo *SD* e armi di bordo: dei 73 *B-17* atterrati a Poltava, 47 furono distrutti e la maggior parte dei restanti danneggiati. Andarono persi anche 150.000 litri di carburante avio per gli aerei americani, 465 bombe da 500 lbs e 1.400 incendiarie da 100 lbs, e 400.000 munizioni .50, oltre a 25 aerei sovietici. La forza attaccante tedesca non perse nessun aereo. Le missioni-navetta dell'USAAF furono sospese poco dopo nel settembre 1944, anche a causa del peggiorare delle relazioni USA-URSS in questa cooperazione militare e non solo.

Quella notte ero l'unico marcatore di bersagli sull'obiettivo, quindi 300 bombardieri appartenenti a tre *Geschwader* – e la riuscita della missione – dipendevano dalla mia mira.

Quando arrivammo, dopo due ore di volo, l'obiettivo era già illuminato e vi piazzai il mio primo marcatore proprio al centro. Le prime bombe esplosero, tra fiamme e scoppi. La *Flak* sparava all'impazzata e i riflettori frugavano nel cielo. Si era scatenato l'inferno.

Appena virammo per allontanarci, un riflettore ci inquadrò: una luce accecante riempì la carlinga. Il nostro obiettivo era difeso da caccia notturni, che non ci avrebbero messo molto a trovarci. Guardavo a destra e a sinistra per individuarli. D'un tratto vidi un caccia notturno, col faro acceso, che si avvicinava a gran velocità sulla nostra destra.

Afferrai due razzi da segnalazione verdi (il segnale dei russi per quella notte, come sapevamo grazie alle nostre spie) e li sparai nel cielo. Il caccia, credendoci un aereo russo, spense il riflettore e se ne andò. Dopo questo contrattempo, piazzai altri due marcatori al centro esatto dell'obiettivo. L'intero nodo ferroviario era in fiamme quando rientrammo alla base.

In seguito arrivò una lettera dal Generale Comandante del 4° *Flieger Korps*. Il Generale Meister si congratulava con noi per l'eccezionale risultato raggiunto a Klinzy quale unico aereo marcatore di bersagli – quello dell'*Oberleutnant* Frick. Venimmo menzionati anche nel bollettino dell'*OKW*.

Era stata la mia 60ª missione. Fui insignito della Croce di Ferro di 1ª Classe e con la Barretta per voli operativi su bombardiere d'argento. Il diploma di conferimento era firmato dal Comandante della 6ª *Luftflotte*, il Generale Ritter von Greim. (Hitler lo nominò Comandante in capo della *Luftwaffe* negli ultimi giorni della guerra). Davanti allo Squadrone schierato il mio pilota, in quanto *Gruppenadjutant*, mi appuntò la decorazione sulla giubba.

Il morale era alto. Si sentiva parlare di armi formidabili che venivano sviluppate per noi. Le chiamavamo *Wunderwaffen* (armi miracolose). Con esse avremmo potuto, forse, capovolgere le sorti della guerra.

La *V-1*, la *V-2* e altri tipi di armi a razzo furono usati con grande successo. Si diceva persino che si stava costruendo una bomba atomica.

Dall'inizio del 1939 avevamo aerei a reazione, e nel 1943 volò il nostro primo bombardiere plurimotore a reazione[10]. Erano più veloci dei più veloci caccia del mondo.

---

[10] L'*Arado 234 "Blitz"*, primo bombardiere a reazione della storia, dotato di due reattori *Junkers Jumo 004* e capace della velocità di 740 km/h. L'aereo fece il suo primo volo nel giugno 1943, e fu impiegato operativamente in pochi esemplari come ricognitore e bombardiere nel 1944-1945.

Il *Me 163*, intercettore a razzo che sfiorava i 1.000 km/h, era il più veloce.

Ricordo che un giorno della primavera del 1943, quando ero alla scuola per navigatori a Thorn, vidi un bombardiere con due motori a reazione atterrare nel nostro campo. Il pilota tornava dal fronte, dove aveva effettuato un volo di prova. Ci disse che poteva volare al doppio della velocità di un caccia russo.

Hitler, ossessionato dall'idea del *Blitzkrieg*, rifiutò cocciutamente di dare il permesso di costruire grandi quantità di jet. Hitler e Göring, che avevano perso completamente il contatto con la realtà, prendevano una cantonata dietro l'altro. Una di esse fu di usare il *Me 262*, caccia a reazione, come bombardiere. Si perse così tempo prezioso.

Hitler infine cambiò idea e diede il permesso, nel novembre del 1944, di usare i *Me 262* come caccia. Nel 1945, in quattro mesi il *JG 7* abbatté 228 aerei Alleati, tra i quali 26 *B-17* in tre giorni. Ma ormai era troppo tardi per cambiare l'esito della guerra.

C'erano inoltre parecchi sabotaggi a nostro danno. Carburante e bombe destinati a noi venivano inviati ad altre destinazioni. Perciò, a volte dovevamo volare fino a remote destinazioni per caricarli, perdendo tempo e carburante preziosi.

Aspre battaglie aeree venivano combattute sopra la Germania, e le perdite del *Bomber Command* e dell'8th *Air Force* erano devastanti. Nel corso del 1943, durante i bombardamenti diurni compiuti senza scorta caccia, le perdite per gli americani divennero proibitive. Nell'attacco alle raffinerie di Ploiesti abbattemmo 45 *B-24* su 175. Nell'attacco a Regensburg abbattemmo 60 bombardieri e su Schweinfurt, 125 in due attacchi. Ma nel 1944, quando i *Mustang* cominciarono ad accompagnare i bombardieri sugli obiettivi, tutto cambiò.

La battaglia della Polonia

I russi lanciarono una grande offensiva estiva, che in otto settimane li portò ad invadere metà della Polonia. Noi volavamo nella regione della Vistola e del Bug, entrando in azione a Rowno, Wlodawa, Luck, Wolkowysk.

Nell'agosto del 1944 i russi erano fermi alla Vistola, dove installarono la testa di ponte di Baranov. Per due notti consecutive attaccammo i due ponti galleggianti con bombe incendiarie. Durante il primo passaggio feci un centro spettacolare, che causò l'esplosione di un grande deposito di carburante. Passando vicino a Varsavia vedemmo la città bruciare: era il momento della rivolta della città.

In seguito, Baranov fu il punto di partenza dell'ultima grande offensiva che portò i russi alle porte di Berlino.

A giugno 1944 ci giunsero tristi notizie dal nostro vecchio Squadrone del *KG-55*. Stavano compiendo una missione di rifornimento per il Gruppo d'Armate Centro, presso Bobruisk. Erano finiti in uno sbarramento contraereo russo e avevano perso sette aerei, l'intero Squadrone. Ne fummo sciocati. Non era mai capitato, né capitò in seguito, di avere un tale numero di perdite in una sola missione.

I nostri camerati, veterani con centinaia di missioni alle spalle, erano periti assieme al loro Comandante, l'*Oberleutnant* Walz. Molti dei navigatori avevano seguito l'addestramento assieme a me. Se non fossimo stati trasferiti ai designatori di bersagli quattro settimane prima, anche noi saremmo stati con loro.

Alla fine di agosto il nostro equipaggio fu mandato in licenza presso uno stabilimento di riposo e ricreazione della *Luftwaffe* presso Tegernsee, in Baviera. Ce l'eravamo meritato.

Avevamo permessi scritti che ci davano il diritto di passare dalle nostre famiglie. Per quattro settimane potevamo dimenticarci della guerra.

Andai a trovare Nina, i parenti e i miei genitori. Mi potei fermare solo per pochi giorni. Mio zio Fila e le mie zie erano invecchiati, e non si aspettavano nulla dal futuro; si lamentavano di Hitler e del regime nazista. Lo zio Fila diceva che i tedeschi avrebbero perso la guerra, che la Russia non era mai stata conquistata da alcuna nazione, che anche Napoleone vi aveva incontrato il suo destino. Io non ero d'accordo, ma aveva ragione lui.

Alla stazione salii sul treno in anticipo, e guardando dal finestrino vidi degli studenti che arrivavano al binario. Venivano evacuati in Germania, perché i russi erano ormai a soli 130 km. Vidi anche parecchi professori, e tra loro la mia vecchia insegnante, *Fraulein* Schwarz.

Avrei voluto parlarle, ma era troppo tardi; il mio treno stava partendo.
A Berlino incontrai Hilla, la mia amica di penna, e rimasi con lei tre giorni. Viveva da sola nel suo appartamento dopo che sua madre era sfollata in un paese fuori Berlino. Non c'erano più vetri alle finestre; erano stati frantumati dalle onde d'urto delle esplosioni. Non lontano vi era un grande rifugio antiaereo, dove la gente si rifugiava durante i bombardamenti. La città era danneggiata, ma non troppo gravemente.
Dato che ci eravamo scritti per cinque mesi non eravamo degli estranei, e ben presto ci innamorammo. Passai dei momenti stupendi con Hilla e quasi mi spiaceva di dovermene andare a Tegernsee. I miei compagni di equipaggio si erano organizzati per incontrare lì le loro mogli e fidanzate, ma per noi non c'era più tempo.
A Tegernsee c'era un grande lago circondato da montagne. Andavamo in barca e in canoa, facevamo escursioni in montagna. Ce la passammo bene, niente lì ricordava la guerra: dopo mesi di combattimento, sembrava il paradiso. Avremmo voluto stare lì per sempre.
A Tegernsee c'erano in licenza anche aviatori di altri *Kampfgeschwader*, come l'*Hauptmann* Werner Baumbach, famoso pilota di bombardieri. Aveva affondato il massimo tonnellaggio di naviglio dei convogli Alleati, e si era guadagnato la Croce di Cavaliere con le Spade. In seguito divenne Generale dei bombardieri.
Anche un altro Ufficiale, l'*Hauptmann* Mohrich, aveva la Croce di Cavaliere, fatto raro tra i piloti da bombardamento. L'equipaggio di un bombardiere lavorava come una squadra, pertanto non potevamo guadagnare così tante medaglie come i piloti da caccia.
Il pilota più famoso tra i bombardieri era Hans Rudel, che volava sugli *Stuka*. In 2.500 missioni aveva distrutto due navi da guerra russe, una quantità di altre imbarcazioni, oltre 500 carri armati e aveva anche abbattuto undici aeroplani. Anche dopo aver perso una gamba continuò a volare fino all'ultimo giorno della guerra.
Le quattro settimane passarono in un lampo e dovemmo rientrare al nostro *Gruppe*. Passammo da Monaco subito dopo un pesante bombardamento americano. La stazione aveva subito gravi danni, e la polvere non si era ancora posata.
Ripassai da Berlino, dove mi incontrai nuovamente con Hilla: ci fidanzammo il 23 Settembre 1944. Pochi giorni dopo passai a salutare la mia famiglia e Nina.
Qui mi attendavano notizie tragiche. I vicini mi raccontarono che Nina aveva organizzato un ricevimento, due settimane dopo la mia visita. Durante la serata si era presentata la *Gestapo* e aveva arrestato tutti, compreso il marito di Nina, Sobieslav, e Irene, la fidanzata di Paul.
In seguito, mentre ero prigioniero dei russi, mi capitò di accompagnare un ufficiale a Lodz, e feci visita al custode dell'appartamento dove

viveva Nina. Dopo la guerra Nina non era tornata, ma solo il marito. Quando chiesi cosa era successo quella sera, il custode rispose che avrei dovuto ben saperlo, dato che in quel periodo ero presente. Ero scosso e furioso per il fatto che qualcuno mi potesse collegare a quanto era accaduto.
Mentre me ne andavo incontrai per caso in strada Hanne, una mia ex fiamma. Si congratulò per la mia promozione a Sergente e per le decorazioni. Mi disse che si era sposata con Willy, un mio vecchio rivale. Era nelle *Waffen-SS* e stava combattendo i russi. Hanne lavorava in una stazione di polizia.
Ci salutammo. Non ci saremmo più rivisti. Gli ultimi mesi della guerra, mi scrisse che era stata trasferita al dipartimento di polizia di Praga. Povera ragazza: mi chiedo se sia riuscita a tornare in tempo, alla fine della guerra.
Nel frattempo il nostro *III. Gruppe* era stato trasferito a Papa, in Ungheria. Non sapevamo cosa avremmo dovuto fare lì, e non lo sapeva nemmeno in nostro Comando. La guerra era diventata pura confusione, e stavamo perdendo.
Hans e io arrivammo in treno alla nostra destinazione. Una volta giunti a Papa fummo alloggiati in un paese di tedeschi. Aiutammo i contadini a vendemmiare, e fummo ripagati con ottimo cibo e vino rosso.
Non potevamo lamentarci. Il vino era corposo e traditore, e molti di noi rientrarono con difficoltà.
Poche settimane dopo tornammo in Polonia, non lontano dalla nostra base precedente. Venivamo spostati continuamente, come pedine su una scacchiera; non capivamo perché non venissimo impiegati in combattimento. Fummo alloggiati in un castello, e per tenerci occupati ci impegnavano in allenamenti ed esercitazioni.
Questo era veramente troppo. Al diavolo il nostro comando, se non ci usava per cercare di tenere indietro i Rossi. Era come se i Generali avessero già gettato la spugna.
Dopo la vittoria in Africa, gli Alleati erano sbarcati in Sicilia e in Italia continentale. Dall'estate del 1943 all'inverno del 1944 le nostre truppe li avevano tenuti a bada nel corso di aspri combattimenti. Salerno, Anzio, Nettuno e Monte Cassino erano sui titoli delle prime pagine.
I nostri "amici dell'Asse", gli Italiani, non erano stati di grande aiuto e nell'estate del 1943 ci tradirono. Badoglio si sbarazzò di Mussolini e portò l'Italia fuori dal conflitto.
Mussolini fu catturato dai partigiani comunisti italiani, che lo uccisero e lo appesero per le caviglie insieme alla sua amante.
Nel giugno del 1944 gli Alleati sbarcarono in Francia, obbligandoci a ritirare dal fronte Orientale numerose Divisioni che vi erano disperatamente necessarie.

A giugno e a luglio avevamo perso l'intero Gruppo d'Armate Centro nel fronte centrale. Ora dovevamo prepararci per la difesa del *Reich*.

A luglio un gruppo di Ufficiali aveva tentato di assassinare Hitler, ma aveva fallito. Una bomba piazzata dall'*Oberst* von Stauffenberg nel bunker del *Fuhrer* uccise diversi Ufficiali di Stato Maggiore, ma Hitler fu solo leggermente ferito. La sua rabbia e la sua sete di vendetta erano sconfinate. Il caporale austriaco della prima guerra mondiale si sentiva tradito dal popolo tedesco, specialmente dagli Ufficiali di nobile estrazione che aveva sempre odiato.

Oltre 5.000 ufficiali, sospettati di avere avuto parte nel complotto, dovettero subire una morte orribile. I nazisti non risparmiarono nessuno.

Molti ufficiali di alto rango, tra i quali il Generale von Beck, von Stulpnagel, von Stauffenberg, von Witzleben e Fromm, furono giustiziati. I carnefici nazisti ne appesero molti per la gola a ganci da macellaio, dove ci mettevano oltre un'ora a morire. Eravamo sciocchati.

Il Feldmaresciallo Rommel e von Kluge furono obbligati a suicidarsi, e alla nazione fu comunicato che Rommel era morto in battaglia. Rommel era il solo, probabilmente, che avrebbe potuto capovolgere le sorti del conflitto.

I nostri piloti da caccia combattevano disperate battaglie contro soverchianti forze aeree nemiche, all'est e a ovest. Più di 100 piloti avevano superato le 100 vittorie, 13 erano oltre le 200. Il Maggiore Barkhorn aveva 301 vittorie e il Maggiore Hartmann 352. La caccia notturna seguiva con il Maggiore Schnaufer, 121 vittorie, e l'*Oberst* Lent, 110.

Gli Alleati inizialmente non credettero a queste cifre, ma i nostri piloti, compresi gli equipaggi dei bombardieri, non venivano quasi mai ritirati dal servizio operativo, indipendentemente dal numero di missioni che avessero compiuto[11].

Nel dicembre 1944 lanciammo l'offensiva delle Ardenne, riuscendo a fermare gli Alleati per quattro settimane. Il primo gennaio del 1945 circa 1.000 aerei della *Luftwaffe* tra caccia e bombardieri sferrarono l'ultimo attacco al suolo su vasta scala della guerra. Distruggemmo oltre 150 aerei nemici, ma sprecammo le nostre ultime riserve senza cambiare la situazione.

---

[11] I notevoli totali di vittorie degli assi della Luftwaffe furono sostanzialmente confermati nel dopoguerra dai ricercatori militari Alleati. In quanto alle missioni di combattimento, mentre per esempio i piloti americani e inglesi venivano a ruoli di addestramento o non di prima linea dopo qualche decina di missioni, quantomeno per un certo tempo, i piloti della *Luftwaffe* erano in buona parte dei casi tenuti nei reparti operativi per periodi molto più estesi, totalizzando centinaia e a volte migliaia (!) di missioni di guerra.

La tragedia stava nel fatto che in quel momento la nostra produzione bellica era al massimo dall'inizio della guerra. Avevamo le armi migliori che si fossero mai viste – ma era troppo tardi. All'ovest, le truppe Alleate stavano entrando in Germania. A Est, 180 Divisioni russe erano a soli 150 chilometri da Berlino. Ormai sapevamo che la guerra era perduta. Ma continuavamo a combattere.
Si sentivano storie orribili di soldati russi che stupravano bambine e donne tedesche. Alcune erano state violentate anche da 50 o 70 soldati per volta, e molte in seguito venivano assassinate. Dopo aver ricatturato un paese in Prussia Orientale, i nostri trovarono una ragazza che era stata violentata e inchiodata viva alla porta di un fienile.
Erano questi i "combattenti della libertà" che venivano a liberare l'Europa e salvare la civiltà occidentale dalla "barbarie tedesca?"
Nel frattempo arrivò l'inverno e, con l'approssimarsi di Natale, Hilla e io decidemmo di sposarci. Non era una cosa semplice, in quanto dovevamo dimostrare che le nostre famiglie erano "di razza ariana" da almeno tre generazioni. Io dovevo ottenere anche il permesso della mia unità. Fortunatamente avevamo tutte le carte in regola. Il nostro matrimonio fu approvato e fissammo la data per il giorno di Natale.
Tutto fu preparato, cosa non sempre facile in guerra, soprattutto per quanto riguarda il cibo. Gli ospiti erano già in viaggio per Berlino. ma lo sposo no, perché all'ultimo minuto tutte le licenze erano state cancellate. I russi avevano sfondato le nostre linee e sembrava che stessero per lanciare una nuova offensiva. Comunque, dopo due settimane erano stati fermati.
Ottenni la licenza, e Hilla ed io ci sposammo il 6 gennaio 1945 a Berlino. I miei genitori vennero al matrimonio e Hans, il mio radiotelegrafista, fu il mio testimone. Una carrozza bianca, tirata da cavalli bianchi, ci portò alla chiesa di San Paolo, dove ci sposammo. Dopo la cerimonia religiosa andammo in municipio per il rito civile. Facemmo una bella festa a casa di Hilla, anche se nessuno era molto sereno. L'incertezza della guerra ci preoccupava. Per due volte dovemmo andare a ripararci in un rifugio durante un bombardamento aereo. Sei giorni dopo ci separammo. Hans ed io tornammo alla nostra unità.
Mia madre tornò a casa, ma mio padre doveva andare in un'altra città per certe faccende. Non riuscì a tornare a casa: pochi giorni dopo i russi lanciarono l'ultima grande offensiva, che li portò alle porte di Berlino.
Due giorni dopo essere rientrata a casa, mia madre dovette fuggire. Mise pochi oggetti su un carro ma dovette abbandonare tutto il resto, compreso tutto il bestiame. Attaccò i nostri due cavalli al carro e partì verso ovest con mia nonna ottantenne – tra ghiaccio, neve e attacchi dei russi. Cinque settimane dopo si incontrarono fortuitamente con mio padre a Cottbus, in Germania. Mia madre aveva perso uno dei cavalli in un raid aereo

americano, e l'altro le era stato trafugato da dei soldati, che le avevano lasciato in cambio uno più scarso.

Quantomeno adesso erano vivi e di nuovo insieme. Seppi tutto questo da una lettera di mia moglie. Se non mi fossi sposato così di fretta, i miei non avrebbero lasciato casa e sarebbero stati uccisi dai polacchi come mio zio Emil, che invece era restato.

Durante la nostra assenza il *III./KG 4* era stato trasferito a Weiner-Neustadt, in Austria. Tornato al mio Squadrone, ogni notte partivamo quattro volte in missione per portare i rifornimenti alla "Fortezza Budapest".

Quella notte, dopo 45 minuti di volo sorvolammo il Danubio arrivando in prossimità dell'obiettivo. Passati diversi ponti e il palazzo del Parlamento arrivammo all'isola Margherita, il nostro obiettivo. Da 2.500 metri scendemmo alla quota di lancio dove sganciai otto contenitori di rifornimenti dentro la croce illuminata che segnava il punto di lancio.

I russi avevano piazzato oltre 40 riflettori sulle colline circostanti; non appena mettemmo i motori al massimo si accesero tutti insieme e iniziarono freneticamente a cercarci. Ed improvvisamente ci inquadrarono. Ci buttammo in picchiata, con la contraerea che martellava tutto intorno a noi. A 300 metri dai tetti uscimmo dal fascio di luce e ci allontanammo senza danni.

Appena tornati alla base facemmo un altro carico e ripartimmo. Con l'esperienza appena passata non ci saremmo fatti inquadrare ancora da Ivan: cambiammo costantemente il regime dei motori, ingannandoli riguardo alla nostra posizione.

Feci undici missioni su Budapest; il *Gruppe* vi perse tre bombardieri. Altri due furono colpiti dalla contraerea e dovettero atterrare sul ventre.

Infine le nostre truppe cercarono di uscire da Budapest sfondando le linee sovietiche. Dovemmo rifornirli ancora una volta, lungo la strada della ritirata.

Sferrammo numerosi attacchi ai ponti sul Danubio, con buoni risultati. Durante uno di questi attacchi i riflettori ci colsero ancora, proprio quando avevo appena sganciato le mie otto bombe da 250 kg sul ponte di Dunavoldvar. Diverse salve di *Flak* scoppiarono così vicine a noi che vedevamo le nuvolette di fumo nell'oscurità, ma riuscimmo ad andarcene anche stavolta. Attaccavamo anche le strade, mitragliando a bassa quota i russi con i cannoncini e le mitragliatrici. A marzo del 1945 la guerra in Ungheria per noi era finita.

La Germania, tutta, era ridotta come Sodoma e Gomorra. Tutte le grandi città erano in macerie – Colonia, Lubecca, Rostock, Berlino. Dresda fu rasa al suolo nel corso dell'ultima settimana della guerra, quando centinaia di migliaia di profughi della Germania orientale affollavano le sue strade. La tempesta di fuoco uccise una cifra stimata di 100.000 persone – più delle bombe atomiche di Hiroshima e Nagasaki.

Ci vollero settimane per cremare tutti i morti e seppellire i resti con i bulldozer. Il lezzo dei corpi putrefatti pervase per settimane l'aria di quella che era stata la più bella città tedesca.

Guardammo impotenti i *Mustang* mitragliare un treno che passava e alcuni dei nostri aerei parcheggiati in un bosco. Potevano fare con comodo: le nostre difese non c'erano più.

Osservammo dei bombardieri americani che tornavano da un'incursione. Alcuni erano seriamente danneggiati, e volavano a fatica: non se l'erano sentita di sorvolare le Alpi e avevano puntato verso l'Ungheria. Alcuni equipaggi si lanciarono. Un aviatore atterrò vicino al punto da dove stavamo osservando, e lo catturammo.

L'ultimo capitolo della guerra

Un pomeriggio del marzo 1945 arrivò l'ordine di portare rifornimenti alla "Fortezza Breslavia", circondata dai russi.
Volammo in formazione di tre bombardieri, guidati dal nostro *Gruppenkommandeur*. Sganciammo il carico volando a bassa quota sull'aeroporto di Breslavia. Il nostro *Kommodore* fece quota salendo lentamente in ampli cerchi. Fu un grave errore. I russi ebbero agio di osservare i nostri movimenti e prepararci un agguato all'uscita dalla città.
Tre caccia ci attaccarono da dietro. Tentammo di sfuggire ai traccianti con ripide affondate a destra e a sinistra; poi uno dei caccia arrivò a pochi metri da noi, sparando, e quando ci fu sopra virò per allontanarsi, offrendoci tutto il fianco. Hans gli sparò contro una raffica della sua 13 mm; il caccia si capovolse in una picchiata e scomparve; probabilmente lo avevamo abbattuto.
Eravamo scesi a 400 metri e gli altri caccia, credendo che fossimo stati abbattuti, ci abbandonarono per andare dietro agli altri due *Heinkel*.
Mentre rientravamo, passando tra due paesi, fummo raggiunti da fuoco contraereo proveniente da entrambi. Vidi un grosso squarcio apparire nell'ala destra. Scoprimmo in seguito che era stata la nostra *Flak* a spararci addosso, dato che nessuno si era preoccupato di avvisarla.
Facemmo quota, dato che dovevamo superare delle montagne e sotto di noi si stendeva una solida coltre di nubi. Era il crepuscolo, e mentre ci avvicinavamo a Vienna avrei voluto scendere sotto le nubi, ma Frick voleva starne al di sopra finché non avessimo raggiunto il campo.
Giunti al punto e scesi attraverso le nuvole, ci trovammo in una valle con alte montagne ai lati, le cime nascoste tra le nubi. Non avendo scelta seguimmo la valle; in fondo virammo a sinistra e seguimmo un fiume. Arrivammo ad una cittadina, che scoprimmo trovarsi in Ungheria. Feci la rotta e mezz'ora dopo atterravamo al nostro campo. Ci avevano già segnati tra i caduti. Quando i nostri camerati ci avevano visto andare giù, avevano concluso che fossimo stati abbattuti.
L'indomani tornammo al campo per ispezionare i danni che aveva subito il nostro bombardiere. Le ali e la fusoliera erano crivellati di proiettili. Contai almeno diciotto buchi solo in una piccola zona di un'ala. Anche il vano motore era stato colpito. Solo allora mi resi conto di quanto fossimo stati fortunati.
Era stata la mia 75ª missione di combattimento. Non la dimenticherò mai, perché mai andammo così vicini a venire abbattuti.
Il fronte si avvicinava e sentivamo il suono dei cannoni. La nostra permanenza a Wiener-Neustadt volgeva al termine.

Giunse ordine di spostarci a Wels, in Austria.

Lasciammo Wiener-Neustadt in treno. Eravamo appena usciti dalla stazione quando bombardieri americani la attaccarono e la ridussero in macerie. Cinque minuti prima e non ce la saremmo cavata. Fortunati, ancora una volta.

Uno dei nostri aerei fu colpito durante il trasferimento e dovette compiere un atterraggio forzato. Appena l'equipaggio fu uscito dall'aereo, il caccia fece un altro passaggio e lo incendiò.

Alcuni dei nostri equipaggi, non avendo più aerei, furono mandati in fanteria. Tra questi, equipaggi con centinaia di missioni all'attivo. Usarli ora come carne da cannone era una cosa vergognosa da parte degli Alti Comandi. Non sarebbero durati gran che in combattimento terrestre, dal momento che non avevano esperienza di fanteria.

Nel frattempo il nostro pilota era a casa in licenza, e si era pure sposato. Quando lasciò la sua città, gli americani vi entravano dall'altra parte. Se fosse rimasto lì la guerra per lui sarebbe stata finita. Invece tornò, perché voleva volare con noi fino all'ultimo; e questo gli costò cinque anni di prigionia in Siberia.

A Wels vedemmo parcheggiati centinaia di *FW 190* nuovi di zecca, ma nessuno li portava in volo. Non c'era più carburante.

Poco dopo ci spostammo a Königgrätz in Cecoslovacchia, da dove effettuammo nuovamente voli di rifornimento su Breslavia. Dopo il ritorno del nostro pilota ricominciammo a volare tutte le notti.

Breslavia si rivelò un osso duro: i russi l'avevano circondata di una difesa formidabile, con tantissime postazioni contraeree e riflettori.

Una notte assistemmo all'abbattimento di uno dei nostri bombardieri. Inquadrato dai riflettori, il *111* fu martellato dalla *Flak*. Presto fu avvolto dalle fiamme e in pochi istanti un'ala si staccò. Eravamo tutti molto silenziosi, perché avevamo appena assistito alla morte di altri nostri camerati. Erano del nostro Squadrone.

Lo Squadrone perse altri aeroplani durante le missioni successive. Uno cadde su Breslavia e solo il pilota riuscì a salvarsi. Il navigatore cadde insieme all'aereo, il paracadute impigliato nei piani di coda. Il pilota fu evacuato per via aerea e tornò alla base.

Un altro equipaggio finì contro una collina durante la prima missione; li seppellimmo con tutti gli onori militari. Ero tra quelli che sorreggevano i feretri; mentre portavamo il pesante carico, del sangue che usciva dalla bara mi colava sulle mani.

Sembrava che la guerra dovesse andare avanti per sempre. Il 28 aprile 1945 dovemmo rifornire di carburante una *Panzer-Division* che si trovava nelle grandi foreste presso Berlino. Era una notte limpidissima. Navigai fino all'obiettivo volando sopra tre laghi, e fu incredibile che trovassi l'obiettivo in mezzo alla foresta. Quando vidi il debole segnale

sganciai il carico su Kerigh, a pochi chilometri da Berlino.
Rientrammo sorvolando Cottbus, dove i miei parenti si erano riuniti.
Dopo l'atterraggio registrai la nostra 81ª missione, che si rivelò essere l'ultima.
Il 1° maggio 1945 il *III. Gruppe* venne riunito e il *Kommodore*, *Oberst* Graubner, tenne un discorso di commiato. Disse che Hitler era morto a Berlino "combattendo alla testa delle sue truppe."
Concluse dicendo: "Camerati, gli Ufficiali resteranno con voi e vi ricondurranno a casa come una sola unità". Pochi giorni dopo ci abbandonò. Salì sul suo bombardiere, che si era tenuto da parte per usarlo nella fuga. Volò in Germania Occidentale e atterrò praticamente davanti a casa sua.
Me lo raccontò direttamente il suo pilota, che incontrai dopo la guerra.
Prima, ad ogni buon conto, ci ordinò di distruggere tutti i nostri bombardieri, dicendo: "Il carburante che è nei serbatoi serve all'Esercito, che ci sta coprendo la ritirata". Poi, due ore dopo, diede ordine di far saltare in aria i bombardieri. Così l'infame ci consegnò ai russi.
La mattina arrivammo all'aeroporto. I meccanici avevano acceso i motori e retratto i carrelli di atterraggio, spanciando gli arei sul terreno.
Era una scena triste, vedere il mio fedele "*Anton Kurfurst*" abbandonato per terra con le eliche piegate. Avrei voluto piangere.
Avremmo dovuto anche noi fare come un altro equipaggio il giorno prima. Il pilota, ex comandante del nostro *Gruppe*, anni prima era stato accusato di omosessualità e aveva subito la Corte Marziale. Scontata la pena e degradato, era tornato tra noi poche settimane prima.
Verso mezzogiorno aveva riunito il suo equipaggio e insieme si erano recati all'aeroporto, decollando prima che la *Flak*, che aveva ordine di sparare, si rendesse conto di quanto accadeva, scomparendo tra le nubi basse.
Tutti li chiamarono "porci vigliacchi," ma ora penso che siano stati i più furbi perché alla fine noi dovemmo comunque far saltare i nostri aerei.
Ricordo un altro fatto che successe il 2 maggio. Un quadrimotore atterrò sul nostro campo per rifornirsi di carburante. Fu circondato da guardie che non lasciavano avvicinare nessuno. Tutto ciò che venimmo a sapere è che si trattava di "ufficiali di alto grado provenienti da Berlino e diretti in Spagna".
Ancora oggi mi chiedo, non ci sarà stato Hitler su quell'aereo che si metteva in salvo?[12]
L'Ammiraglio Dönitz era stato nominato successore di Hitler e stava

---

[12] Per quanto sorprendente possa essere questa affermazione, alcune personalità del III Reich riuscirono a riparare in paesi neutrali negli ultimi giorni di guerra, come il comandante della *SS-"Wallonie" SS-Standartenführer* Léon Degrelle, giunto in Spagna con un *Heinkel 111* via Germania, Danimarca e Norvegia.

negoziando con gli Alleati la nostra resa. Propose di continuare a combattere contro i comunisti, nostri nemici giurati. Presto apprendemmo che Eisenhower aveva declinato l'offerta e insisteva sulla resa senza condizioni.

A Yalta tutta l'Europa orientale era stata assegnata allo zio Beppe Stalin. Beh, presto gli Alleati avrebbero capito che erano stati fregati dai russi, e che firmare un patto con loro era come firmarlo col diavolo in persona. Così la guerra ufficialmente era finita, ma noi non potevamo gioirne. Avevamo perso, e tutte le lotte e le sofferenze del nostro popolo, i milioni di morti tra i combattenti e i civili, tutto era stato invano.

Eravamo stati traditi e venduti dai nostri superiori – e noi, nello specifico, dal quel vigliacco del nostro *Kommodore*.

Si permettevano di vivere nel lusso nei loro comandi mentre mandavano i soldati tedeschi al sacrificio sui campi di battaglia d'Europa e dell'Africa. In seguito ci diedero la colpa della sconfitta. Le loro misere gelosie impedirono che le nostre armi più avanzate venissero usate per tempo.

Il pomeriggio del 6 maggio ci muovemmo sui nostri camion portandoci dietro i nostri effetti personali. Ciò che non potevamo trasportare lo distruggemmo. Eravamo ben forniti di armi e munizioni. Io avevo una pistola mitragliatrice con 800 colpi, una *Luger* e diverse bombe a mano.

Mentre attraversavamo la cittadina tutta la popolazione scese in strada, urlando: "Vendetta per Lidice!" Era il nome del paese che gli *SS* avevano raso al suolo nel 1942, dopo che i *commando* cecoslovacchi avevano ucciso Reinhard Heidrich.

Ci spostavamo lentamente, con molte deviazioni, dovendo combattere i partigiani che avevano messo blocchi stradali ovunque.

Di solito bastavano poche raffiche di mitra per metterli in fuga; non erano dei veri combattenti. Solo quando avevano a che fare con soldati disarmati o donne tedesche diventavano audaci. Ne uccisero e mutilarono a migliaia. Gli *SS* che avevano combattuto a Praga furono fucilati fino all'ultimo uomo dopo che si furono arresi. Un polacco mi riferì di aver visto una donna tedesca venire legata a due cavalli e squartata.

Nel tardo pomeriggio del 10 maggio giungemmo a Tyn, sul fiume Veltava, dove gli americani erano già in attesa. Ci impedirono di passare.

Apprendemmo che il nostro Alto Comando si era arreso l'8 maggio e i nostri Ufficiali stavano negoziando la resa con gli americani. Ben presto fu chiaro che gli americani prendevano tempo finché i russi, che erano a un giorno di distanza, ci avessero raggiunti.

Poi vedemmo gli americani rimandare ai russi mezzi pieni di tedeschi feriti con le loro infermiere, che pochi giorni prima erano passati sul lato tenuto dagli americani.

La resa e la fuga dai russi

Distrussi tutte le mie armi, le medaglie e i documenti e le seppellii in un campo. Ivan da me non avrebbe avuto niente. I russi arrivarono nel tardo pomeriggio dell'11. Ci portarono in un bosco, circondandoci di cannoni e mitragliatrici.
Eravamo circa 11.000 soldati; alcuni profughi tedeschi si erano uniti a noi. Alcuni russi vennero tra noi a spargere la voce che saremmo andati a casa in due settimane. Ci credettero tutti, tranne me. Grazie all'insegnamento dello zio Fila di quindici anni prima avevo già capito, e sapevo, che saremmo rimasti nei campi di prigionia russi per anni e anni.
Ci lasciarono in pace per due giorni. Feci amicizia con una ragazza e cercai di confortarla. Aveva paura dei soldati russi. Ci stringemmo l'uno all'altra quella notte, facendoci caldo a vicenda. Finché c'eravamo noi soldati nelle vicinanze, i russi non osavano toccare le nostre donne.
Soldati e civili si erano disfatti di gran parte dei loro averi. C'erano vestiti civili sparsi ovunque. Io avevo un piano, e mi stavo preparando.
Presi un paio di pantaloni civili e li nascosi nel mio zaino. Avevo anche una bussola, due orologi, una mappa dell'Europa stampata su seta, e una lattina di carne in scatola.
Alla sera ci ordinarono in colonne e ci fecero marciare verso est. Le donne dovevano stare dietro, senza protezione dalle molestie dei soldati russi. A questo punto avevo la certezza che non saremmo stati liberati.
Decisi di fuggire non appena si presentasse un'occasione. L'*Oberleutnant* Frick marciava in testa, con gli altri ufficiali. Solo il mio motorista, Sergente Heinemann, era ancora con me. Avevamo perso di vista Hans e Schulz qualche giorno prima.
Andammo avanti a marciare, cantando le nostre canzoni da soldati: "Ci rivedremo quando saremo in Patria" o "Tre gigli, tre gigli ho piantati sulla mia tomba!".
Verso le 3:00 del mattino facemmo la prima sosta, e decisi di tentare la fuga. Le sentinelle russe erano posizionate ogni 15 metri e si guardavano attorno. Non appena quella più vicina girò lo sguardo mi infilai tra i cespugli, poi balzai in piedi e corsi più veloce che potevo. Aspettavo che mi sparassero dietro, ma tutto rimase silenzioso mentre correvo per 200 metri dentro la foresta.
Qui mi fermai e attesi finché sentii i nostri soldati che si muovevano, sempre cantando. Quando tutto fu tranquillo tornai verso la strada a recuperare il mio tascapane, che stava dove lo avevo lasciato. Dovevo affrettarmi perché stava già albeggiando. Mi cambiai con gli abiti civili, ma conservai la mia giacchetta da volo color marrone chiaro dopo aver

rimosso l'aquila della *Luftwaffe*.
All'alba decisi di fermarmi dove mi trovavo; mi coprii con la coperta e delle foglie e rimasi immobile tutto il giorno, sperando che i partigiani non mi trovassero.
Al crepuscolo mi incamminai in direzione sudovest.
Il mio piano era di penetrare nelle linee americane, che stimavo fossero a 145 km. Camminai tutta la notte nella foresta, e al mattino non ne ero ancora uscito. Mi nascosi di nuovo per tutto il giorno. Si sentivano solo i fagiani e i cervi. Era irreale, con le ore che trascinavano lente e la mia testa che lavorava al piano di fuga.
Ripartii con l'oscurità. Mentre camminavo lungo un sentiero, si sentì un suono di zoccoli. Mi fermai ad ascoltare: si stavano avvicinando. Mi buttai a correre nel folto, facendo un rumore come di cervo spaventato Rallentai in una radura. Non so cosa avessi incontrato, probabilmente un partigiano a cavallo.
Raggiunsi un ripido argine. Era così buio che mi lasciai scivolare sulla schiena per arrivare in fondo, raggiungendo il fiume dove gli americani ci avevano fermato.
Mentre ne risalivo il corso iniziò a piovigginare. Vidi un paese in lontananza e decisi di passare dall'altra parte. L'acqua era gelata e mi arrivava alle ginocchia. Mentre mi inoltravo, diventava più profonda e impetuosa e la corrente minacciava di farmi perdere l'equilibrio. Tornai indietro e mi nascosi in un pagliaio vicino al paese, poi mi arrampicai in cima in modo da poter osservare la strada vicina.
Avevo sentito i russi dire che sarebbero arretrati e che gli americani avrebbero occupato la zona. Nel tardo pomeriggio, mentre osservavo i dintorni, un contadino ceco mi vide. Disse forte: "*Kamerad SS*, vieni fuori"
Era il "momento della verità" per il quale mi ero preparato mentalmente; sapevo che, presto o tardi, mi sarei trovato di fronte ai nemici. Ma come me la sarei cavata?
Non c'era tempo per pensare. Scesi tranquillamente e parlai al ceco in russo. Era sorpreso quando gli dissi che ero "un russo in fuga dai tedeschi." Finsi di non sapere che la guerra era finita.
In breve circa 50 uomini armati del paese mi avevano circondato. Tutti mi facevano domande, per le quali dovevo avere la risposta giusta, e anche in fretta. Mi frugarono addosso e dovetti svuotare le tasche. Guardarono la bussola, la mappa e l'orologio senza insospettirsi. Finalmente furono convinti e mi restituirono tutto.
Una fortuna che non avessero trovato la tasca sul fianco dove avevo la mia tessera di riconoscimento della *Luftwaffe*. La avevo tenuta; nel caso non fossi riuscito ad ingannarli, avrei avuto più probabilità di cavarmela come membro della *Luftwaffe*; come *SS* mi avrebbero ucciso sul posto.

Il contadino mi portò a casa sua e mi diede da mangiare e da bere. Poi mi insegnò la strada fino alla prima città, dove mi sarei dovuto presentare alla milizia.

Lasciai il villaggio con un uomo che mi avrebbe mostrato il cammino. A quanto pare volevano essere sicuri che arrivassi a destinazione. Ora dovevo sbarazzarmi subito dei miei documenti militari: al posto di blocco della milizia non sarei stato così fortunato. Camminando lungo il fiume mi avvicinai furtivamente all'argine e mi liberai del portafoglio senza che la mia scorta si accorgesse di nulla.

Una volta arrivati dalla milizia, la guardia mi salutò in tedesco: "Bene, porco tedesco, ora ti abbiamo preso!" Quando gli dissi che ero russo rimase sorpreso e mi portò dentro.

Nella stanza erano seduti diversi partigiani, che adesso si facevano chiamare "milizia."

Mi interrogarono minuziosamente e mi fecero vuotare le tasche.

Due ore dopo un uomo, il loro comandante, entrò nella stanza. Pantaloni militari, stivali alti e giacca civile, mi girò intorno e mi squadrò da capo a piedi senza fare parola. Dalla tasca della sua giacca spuntava una Luger. Infine mi chiese da dove venivo. "Da Lwow," risposi. Era una città da cui ero passato un paio di volte e di cui avevo una vaga conoscenza. Voleva sapere il nome della strada principale, che aspetto avesse la stazione ferroviaria, e così via. Andò avanti per circa 20 minuti. Finalmente mi diede una pacca sulla spalla e rivolgendosi ai suoi uomini, disse che ero "a posto."

Nel frattempo era scesa la sera. Mi chiusero in una stanza con un letto. Al mattino dopo, svegliandomi vidi che con me c'era un Sergente pilota tedesco ancora in uniforme con le medaglie. Lo ignorai, temendo che fosse una trappola dei cechi. Anche lui non parlò, ma aveva sicuramente notato che entrambi indossavamo il pullover della *Luftwaffe*.

Più tardi, due uomini della milizia ci scortarono ad una caserma oltre il fiume. Dopo un po' di attesa arrivò un partigiano russo in abiti civili. Mi chiese se ero "quel russo" e quando risposi di sì, disse che potevo andare, e che dovevo presentarmi alla *kommandantura* russa a Budweis, "una città a 40 km da qui." Così mi allontanai a piedi, mentre il tedesco rimase con loro.

Ero sollevato dal fatto che tutto fosse filato così liscio: sapevo che ora non mi avrebbe fermato nessuno. Avevo passato il test cruciale.

Una volta uscito dalla città mi liberai del pullover e del tascapane azzurro. Non volevo nulla che mi potesse incriminare. Ovviamente non avevo alcuna intenzione di andare a Budweis, così mi diressi nuovamente verso sudovest.

Arrivai ad un paese dove incontrai dei soldati ungheresi. Un tempo avevano combattuto dalla nostra parte, ma ora i russi li lasciavano andare a

casa. Gli chiesi del cibo; controvoglia mi diedero un pezzetto di pane.
Con l'oscurità mi spostai attraverso i campi. Arrivato ad un'autostrada, dovetti attendere che una colonna di soldati russi fosse passata. Si sentiva un'armonica che suonava una triste melodia. Ora dovevo orientarmi con le stelle, dato che la milizia si era tenuta il mio equipaggiamento. Derubare un "compagno russo" non era un problema per loro, e io non volevo tentare la fortuna chiedendo indietro le mie cose.
A tarda notte arrivai in una località con dei laghi e, dato che era buio pesto, mi ci volle un po' per orientarmi. Infine, affamato e assetato, giunsi ad un paese.
C'era solo una casa illuminata. All'interno si sentivano delle voci che, quando bussai, tacquero. La porta si aprì e ne uscirono due uomini armati di fucile. Era un presidio della milizia.
Dissi che ero un russo e che avevo bisogno di cibo. Dissero che per me non ne avevano, ma non mi lasciarono andare per via del coprifuoco. Continuavo a seccarli chiedendo cibo e mi dissero che c'era un forno russo nel paese vicino. Allora insistetti che volevo andarci subito, e finalmente mi lasciarono andare.
Non cercai il forno però: appena fuori vista dei due miliziani, che mi seguivano con lo sguardo, presi nuovamente per i campi. All'alba mi nascosi in un campo di grano. Le piante non erano ancora alte, e dovetti cercare un punto dove non potessi essere visto.
Il solo bruciò spietatamente per tutto il giorno e non so se riuscii a dormire. Avevo ancora un po' d'acqua nella borraccia, ma niente cibo.
Col buio ripresi il cammino e andai per tutta la notte.
All'alba mi nascosi in un campo. Anche stavolta era caldo e non c'era ombra. Era un tormento. Finalmente il sole calò, e mentre stavo per rimettermi in cammino sentii delle voci che si avvicinavano. Subito pensai di essere stato visto e che stessero venendo a prendermi. Mentre le voci si facevano vicine, la mia reazione istintiva sarebbe stata di alzarmi e correre, ma tenni i nervi saldi e rimasi nascosto. Ora erano accanto a me, e vidi uno stivale che quasi mi camminò sulla testa. Mi passarono accanto senza notarmi.
Attesi che tutto fosse calmo e mi riavviai. All'alba arrivai ad un paesino e mi nascosi in un covone. Nel tardo pomeriggio questo era diventato così umido e freddo che non potevo più restarvi nascosto; qualsiasi cosa succedesse, ne dovevo uscire.
Andai verso la prima casa, dove delle donne stavano lavorando in cucina, Chiesi del cibo e mi diedero da mangiare e del caffè caldo. Mi sedetti presso la stufa, mi tolsi le scarpe e le calze e mi scaldai.
Arrivò un uomo e mi chiese i documenti. Gli risposi che i tedeschi non me ne avevano dato. Se ne andò senza dire nulla.
Mezz'ora dopo tornò con un soldato russo e un miliziano ceco. Il russo

mi puntò addosso la mitraglietta e mi disse di alzare le mani. I russi mi perquisirono ed interrogarono. Raccontai la solita storia, erano sospettosi e mi fecero un sacco di domande. Infine dissero che mi credevano, ma che dovevo comunque andare con loro.

Mi portarono nel paese vicino e mi chiusero in un fienile. Era sera, e me mi misi a dormire sul fieno.

Al mattino mi svegliai e il fienile era pieno di soldati tedeschi. Erano sbandati, tutti pizzicati nei dintorni. Mi chiesero dove mi avessero catturato, ma ovviamente non parlavo tedesco e mi lasciarono in pace.

Due soldati russi li portarono ad un campo di prigionia a Budweis, e io dovetti andare con loro. Nel gruppo c'era un civile russo, che era ciò che io fingevo di essere. Ma lui aveva i documenti per dimostrarlo.

I nove giorni da fuggiasco, senza un vero pasto, si stavano a poco a poco facendo sentire. Mi reggevo a malapena in piedi. Uno dei soldati russi mi lasciò salire sul suo cavallo, ma non vi rimasi a lungo perché mi stavano venendo le piaghe.

Non vedemmo cibo per tutto il giorno, e quando arrivammo finalmente a destinazione era buio e pioveva. Trovai un piccolo pezzo di pane calpestato nel fango, zuppo e ammuffito. Non mi importava, e me lo mangiai. Anche per quella notte ci chiusero in un fienile.

Al mattino i due soldati tornarono con un Capitano. Io e il russo fummo chiamati e l'ufficiale ci disse: "Voi siete russi. Prenderete i prigionieri tedeschi e li scorterete al campo di prigionia. I miei soldati mi servono qui!" Prendemmo dei rifornimenti e mi misi in marcia con circa 200 prigionieri tedeschi.

Presto dalla Cecoslovacchia passammo in Austria. I tedeschi erano così demoralizzati che non pensavano alla fuga, e io non potevo parlargliene. Solo stare in gruppo dava loro sicurezza, e non si sbagliavano.

Sostammo in un paese, i tedeschi entrarono nelle case per chiedere cibo agli austriaci, e ripartimmo. Una volta lungo la strada fummo fermati dai russi che volevano sapere dove fossimo diretti. Gli mostrammo i nostri lasciapassare e ci fecero andare avanti.

Nel frattempo il mio amico russo mi stava sempre attaccato. Ovviamente lungo la strada si chiacchierava. Dopo alcune ore osservò: "Sai, non credo che tu sia un vero russo. Suoni diverso." Dopo ore a parlare e ad ascoltare, il tizio mi aveva scoperto.

Questo mi diede il segnale per svignarmela velocemente. Arrivati in una foresta, mi allontanai e mi nascosi in un paese. Chiesi al contadino austriaco di nascondermi, cosa che fece controvoglia perché aveva paura dei russi presenti nel paese. E io temevo che a quest'ora mi stessero già cercando.

Appena buio, il contadino mi disse che era ora che me ne andassi. Mi diede del cibo e mi misi in marcia. Era molto buio, e nel corso della notte si fece nuvoloso. Percorrendo la strada nella foresta ero preoccupato di non ritrovarmi nuovamente in Cecoslovacchia. Occorreva che mi orientassi al più presto.

Tra gli alberi vidi un fuoco, e mentre mi avvicinavo senti il suono di una gran quantità di pecore. Subito, non vedendo nessuno, mi sedetti per scaldarmi. D'improvviso qualcuno arrivò alle mie spalle e mi piantò la canna di un fucile nella schiena.

Ero finito in un accampamento russo, erano tutti ex prigionieri russi provenienti dalla Germania. Recavano con loro 5.000 pecore come preda di guerra.

Cercai di tirarmi fuori dai guai, dicendo che non intendevo fermarmi a lungo, ma non mi lasciarono andare. Sospettavano fossi un russo passato dalla parte tedesca, il che voleva dire che mi trovavo veramente nei pasticci, perché mi avrebbero fucilato senza processo come traditore.

Il mattino dopo mi portarono ad un quartier generale dell'esercito e mi consegnarono. Venni interrogato per tutto il giorno. Nel tardo pomeriggio un soldato mi prelevò e, con la pistola mitragliatrice puntata, mi disse "Andiamo!" Pensai che mi avrebbe condotto da qualche parte per spararmi.

Quando arrivammo all'ultima casa del paese mi disse di aspettare. Entrò e venne fuori col suo comandante. Il capitano mi fece un sacco di domande alle quali risposi con tranquillità. Alla fine fu soddisfatto e disse: "Bene, ti crediamo. Vai nella città di Gmund e presentati al campo per gli stranieri. Sei stato fortunato che non ti abbiamo fucilato come partigiano!"

Incredibilmente, ero di nuovo libero. Questo fu il fatto peggiore che mi capitò durante la fuga, e fui fortunato di uscirne vivo. Dopo 12 giorni da fuggiasco rinunciai al mio tentativo di raggiungere gli Americani. Decisi invece di tornare a casa in Polonia e scoprire cosa ne era stato dei miei genitori e della fattoria.

Al campo dissi di essere polacco, e mi diedero da mangiare. Dopo tanti giorni di fame e tribolazioni, ora che non dovevo più correre come un animale braccato mi sembrava di essere in una casa di cura.

Un giorno andai fino alla strada, dove vidi un esercito di prigionieri tedeschi in marcia. Mi sedetti su una pietra a guardarli e mi resi conto che si trattava dello stesso gruppo dal quale ero fuggito. Da un momento all'altro mi aspettavo di vedere i miei commilitoni apparire. Non potevo rischiare; mi alzai e andai via.

Dopo quattro settimana vennero organizzati i trasporti e ci portarono a Pressburg, in un altro campo. Durante il tragitto conobbi una graziosa ragazza; ci piacemmo e ci mettemmo assieme. Quando il treno si fermò scendemmo e, camminando lungo i binari, d'un tratto lei cominciò a parlarmi in tedesco.

Mi disse che era tedesca, e quella notte dormimmo insieme.
Il giorno dopo i russi la portarono nel loro vagone. Mi sentii molto male per lei: sapevo che i soldati la stavano violentando. Quando la vidi, il giorno dopo, sembrava sciupata e terribilmente esausta. Dovette restare con loro per parecchi giorni, ma non mi tradì.
Non ero a mio agio tra gli jugoslavi, i polacchi, i russi e i francesi, che se mai mi avessero scoperto mi avrebbero linciato. Il minimo errore mi avrebbe messo seriamente in pericolo.
Il pericolo mi fu rammentato qualche settimana dopo alla stazione, quando il trasporto era pronto a partire per la Polonia. Un giovanotto fu riconosciuto come soldato tedesco da un ufficiale russo. Si tradì mettendosi sull'attenti, come usavamo fare noi tedeschi, quando l'ufficiale gli parlò. Il russo estrasse la pistola e lo colpì ripetutamente sulla testa; poi fu portato via.
Quando ci muovemmo era buio, e non successe niente di particolare mentre attraversavamo la Cecoslovacchia. Il tempo era bello e molti di noi sedevano sul tetto a godersi il viaggio. Una volta arrivati in Polonia il treno si fermò, e si sparse la voce che saremmo andati in un altro campo. Io e molti altri non gradimmo la notizia.
Mi unii ad un gruppo di quattro persone che venivano dal campo di concentramento di Mauthausen. Avevano la testa rasata e avevano i numeri di matricola tatuati sulle braccia.

Lasciammo il treno e prendemmo un tram, che era così carico che salendovi perdetti di vista i miei compagni. Alla fermata dopo salì la Milizia per controllare i documenti dei passeggeri. Alcuni furono riconosciuti come tedeschi, arrestati e fatti scendere dal tram. Mentre l'agente mi si avvicinava pensavo a come uscire da questa spinosa situazione. Mi chiese i documenti e, per disperazione, indicai i miei compagni, dicendo che ero con loro. L'uomo si girò e io feci un cenno con lo sguardo ai polacchi, che capirono. Confermarono, e io fui salvo.
Alla stazione c'era una vasta folla, e un treno pronto a partire; ma per salire servivano speciali *pass*, perciò andammo alla Croce Rossa per ottenerli. I miei compagni mostrarono i loro tatuaggi, e fu tutto. Quando fu il mio turno, la ragazza che compilava i documenti mi guardò e sorrise. Si chiedeva come mai avessi ancora i capelli lunghi e ondulati. Risposi: "I tedeschi non hanno fatto in tempo a tagliarmeli" Poi chiese il mio nome, che in polacco, dissi, era "Jerzy." Lei sorrise ancora e rispose, in tedesco: "Georg?" Poi mi diede il *pass* e mi augurò buona fortuna.
Quando tornammo al treno, i nostri *pass* non vennero accettati. Mi separai dai miei compagni e camminai verso la testa del treno, al vagone bagagli. Stavano giusto caricando la posta. Buttai dentro il mio tascapane, li aiutai a caricare la posta, e salii a bordo. Nessuno mi fermò. Mi nascosi

tra i bagagli, e poco dopo partimmo.

Ero così eccitato che non riuscii a dormire; troppi pensieri mi giravano in testa. Presto sarei stato a casa, ma cosa avrei trovato? I miei genitori sarebbero stati?

All'una e mezza del mattino arrivai alla mia destinazione, Piotrkow, dove avevo frequentato la scuola. C'era il coprifuoco e la stazione era chiusa, per cui dovetti aspettare il mattino per poter uscire.

Dovetti percorrere 25 km a piedi, e quando arrivai al nostro paese tagliai per i campi. Avrei trovato la casa ancora in piedi, o era stata distrutta nei combattimenti? Quando finalmente vidi il nostro tetto, fui sopraffatto dalla gioia. Arrivato al cancello, all'esterno non vidi nessuno. Entrai in casa, aprii la porta ed entrai nell'ingresso. Vidi diverse paia di scarpe, alcune per bambini. Capii che i miei genitori non erano ritornati. Fui pervaso dalla tristezza e dalla delusione.

Bussai, e una donna mi fece entrare. Finsi di essere entrato per chiedere un bicchiere d'acqua, e cominciai a farle domande. Mi disse che i vecchi proprietari non c'erano più, che lei era lì a lavorare e che un contadino polacco del posto si occupava della casa. Quando questi rientrò, mi riconobbe subito. Disse che non avrei dovuto venire, perché la milizia arrestava tutti i tedeschi. Si offrì di venire con me alla sede della milizia e parlare per me con loro.

Prigioniero in Polonia

Il mattino dopo andammo alla sede della milizia a Belchatow per riferire del mio arrivo. Capirono subito chi ero: "Il figlio dell'insegnante tedesco, che era nella *Luftwaffe*."
Mi portarono in una stanza con dei tavoli che avevano installate delle morse, e vicino c'erano dei manganelli di gomma.
I polacchi odiavano noi tedeschi, gli "Svevi", come ci chiamavano, e qui avevano bastonato a morte numerosi tedeschi. Mi interrogarono, e per prima cosa volevano sapere dove fosse mio padre. Dissi che non lo sapevo, e risposero che se fosse tornato lo avrebbero ammazzato.
Volevano sapere dove avessi combattuto durante la guerra, e se ero stato io a volare sulla città negli ultimi giorni di guerra per bombardarli. Mi chiesero anche che medaglie avessi guadagnato. "Entrambe le Croci di Ferro," dissi; uno dei miliziani sibilò: "Ora ti daremo una croce di legno!" e mi colpì al petto. Voleva colpirmi ancora, ma il loro capo lo fermò.
Non mi picchiarono e non mi torturarono; fui incredibilmente fortunato. Mi portarono nella prigione e mi tennero in una cella isolata per due settimane.
Tutti gli altri prigionieri erano polacchi, detenuti per i crimini più diversi. I parenti gli dovevano portare da mangiare, perché la prigione non passava il cibo a nessuno. Non so come avrei potuto sopravvivere se gli altri prigionieri non mi avessero passato un po' del loro cibo. Il muro di cinta della prigione aveva segni di pallottole ovunque. Questo voleva dire una sola cosa: che innumerevoli persone vi erano state giustiziate.
Una notte urla e spari mi svegliarono; alcuni prigionieri erano fuggiti.
Un'altra volta portarono un tedesco nella mia cella, e vi rimase per due giorni. Era stato nella Marina tedesca ed appena rientrato. Poi lo portarono via e più tardi sentii dire che era stato ucciso, e che prima aveva dovuto scavarsi la fossa.
Un giorno il contadino che aveva rilevato la nostra fattoria arrivò e mi fece uscire su cauzione di 500 *zloty*. Per due settimane lavorai con lui alla nostra fattoria, aiutandolo per il raccolto.
Un giorno andammo a raccogliere la torba, che dovevamo vangare fuori dalla terra. Lavorammo duro per tutto il giorno; nel tardo pomeriggio arrivarono due soldati russi che presero il cavallo valido del contadino, lasciando in cambio una vecchia cavalla.
Lui gli andò dietro, ma fu tutto inutile; neanche la polizia poté fare nulla per riavere indietro il cavallo.
In qualche modo, non ero dispiaciuto per lui. Anche loro si erano presi

ciò che ci apparteneva, avevano rubato il nostro bestiame e tutti gli attrezzi della nostra fattoria. Avevano scaraventato nei campi la libreria di mio padre e ci erano passati sopra con l'aratro. Il pianoforte, che mia madre aveva ereditato dai suoi genitori, era stato portato alla scuola del paese.

Trovarmi nella nostra fattoria aveva qualcosa di irreale. Molte cose non erano cambiate; solo, non ci appartenevano più. Degli estranei, grazie ai comunisti, si erano appropriati di ciò che i Zirk avevano costruito nel corso di cinque generazioni. A quel punto avrei dovuto andarmene.

Un giorno, seduto nel campo, vidi il mio prozio Martin. Era molto vecchio, ma aveva lo stesso aspetto che mi ricordavo. Mi disse che poco tempo prima i polacchi avevano assassinato il suo figlio più grande. Lo aveva ucciso il suo vicino, spaccandogli la testa con una vanga. Dei suoi altri tre figli, Martin non aveva notizie. Lo lasciai lì, col suo dolore; e non lo vidi mai più.

Dopo due settimane un uomo della milizia mi riportò in prigione. I polacchi stavano rastrellando tutti i tedeschi della zona. Ci portarono in un campo di concentramento a Piotrkow. Un giorno un ufficiale ci ispezionò. Passando tra le file, ci studiò uno per uno in silenzio. Dopo avermi osservato, si rivolse ai suoi uomini e disse: "Questo è meglio che lo teniate bene d'occhio, o se la fila!"

Pochi giorni dopo i polacchi consegnarono noi ex soldati ai russi. Alla *kommandantura* i russi avevano bisogno di un autista-meccanico. Mi offrii volontario, dato che sapevo guidare, anche se non ero un meccanico. Credevo comunque di potermela cavare. Potei così restare, mentre gli altri venivano inviati in un campo di prigionia in Russia.

La vita alla *kommandantura* non era male. Mi trattavano bene e ricevevo lo stesso vitto e alloggio dei soldati. Feci amicizia con una ragazza tedesca che lavorava in cucina. Natasha mi forniva cibo extra e aveva cura di me.

Una volta dovetti portare un Sergente a Belchatow, la mia città. Pensai che fosse una buona occasione per visitare la nostra fattoria, e gli dissi che avremmo dovuto passarci per prendere un po' di mele. Il contadino rimase a bocca aperta nel vedermi arrivare su una fiammante Mercedes convertibile rossa, ma non gradì che gli chiedessimo le mele. Fu l'ultima volta che vidi la mia fattoria. Era il settembre del 1945.

Una volta dovetti portare un ufficiale in un'altra città. Al ritorno la nostra auto ebbe un guasto, e il russo fermò un camion militare polacco e ci fece trainare. Avevamo un cavo di traino corto, e il polacco andava molto veloce. Quando frenò improvvisamente non ebbi il tempo di reagire, e tamponai il camion. Una volta fermo, il russo estrasse la pistola e pensai che volesse spararmi. Invece andò dal polacco e lo colpì ripetutamente sulla testa con l'arma.

Dopo sei mesi coi russi, la mia buona sorte finì d'improvviso.
Non andavo a genio al *Kommissar* Gromyko, una volta addirittura mi puntò addosso la pistola perché avevo detto qualcosa che non gli andava. Mi disse che non aveva più bisogno di me e mi riconsegnò alla milizia polacca. La cosa più dura fu lasciare Natasha. Aveva le lacrime agli occhi quando ci separammo.

Un anno in campo di concentramento

Dovevo lavorare come meccanico della milizia, chiuso tutto il giorno nella loro officina. Nelle rare occasioni in cui avevo qualche ora libera, riuscivo ad andare a trovare Natasha.

A febbraio 1946 andai nuovamente alla *kommandantura* a trovare Natasha e Kurt, un prigioniero tedesco. Mi disse che avrebbe tentato la fuga nottetempo assieme alla sorella di Natasha, che parlava polacco e avrebbe fatto da interprete. Un parente della ragazza, che lavorava alla ferrovia, sarebbe riuscito a farli salire clandestinamente su un trono. Kurt mi chiese se volevo andare con loro, ma declinai perché c'erano ancora ghiaccio e neve. A parte ciò, Natasha sarebbe rimasta. Augurai loro buona fortuna e tornai alla sede della milizia. Se solo avessi saputo cosa mi aspettava.

Il mattino dopo si scatenò l'inferno. Sentii Gromyko chiamarmi urlando, e i russi irruppero nella mia stanza. Volevano sapere di Kurt, e quando dissi che probabilmente era andato a casa, Gromyko diede letteralmente di matto. Estrasse la pistola e ordinò ai polacchi di arrestarmi immediatamente e portarmi al campo di concentramento di Lodz.

Appena arrivato, fui interrogato per tutto il giorno. Decisero che gli potevo essere utile per riparare e rimettere in sesto automobili che i tedeschi avevano abbandonato. Per 14 mesi rimasi dietro il filo spinato. Il cibo era scarso e ricevevamo soltanto un litro di zuppa di fagioli e 100 grammi di pane al giorno. Dovevamo lavorare 16 ore al giorno, e anche la domenica fino a metà giornata.

Irma, una rossa vistosa, giovane e bella, era la responsabile della cucina. Volle che fossi il suo uomo, scelto tra 75 prigionieri. C'erano solo altre tre ragazze nel campo; ciascuna si era scelta un uomo, e tutti gli altri dovevano accettarlo. Ero fortunato ad avere Irma. Lei rese la mia sopravvivenza al campo molto più agevole. Mi dava amore, vestiti e razioni extra. La domenica pomeriggio potevo uscire dal campo con lei; sapevano che quando ero assieme a lei non sarei fuggito.

In città andai a visitare Olenka, una mia lontana cugina. Fu molto sorpresa di vedermi e mi riconobbe subito, anche se ci eravamo visti solo un paio di volte quando ero un ragazzo.

Mi disse che tutti i miei parenti, lo zio Fila, le zie Ola e Luta – erano morti di stenti poco dopo che i russi avevano preso il potere. Solo la zia Dela era ancora viva, ma era rimasta paralizzata in seguito ad un attacco. Irma e io andammo a farle visita e la trovammo in condizioni miserabili, dovendo dividere una stanzetta con altre persone. Mi sentii davvero dispiaciuto per quella povera vecchietta. Morì la vigilia di Natale del 1946.

Mesi dopo Irma fu trasferita ad una fattoria per aver rifiutato le *avances* del *kommandant*. Ora più nulla mi tratteneva e cominciai a pensare alla fuga.

Il tempo passava lento al campo, e noi vivevamo alla giornata, senza sapere se e quando ci avrebbero rilasciati. Una volta un prigioniero evase, ma fu presto ripreso. Lo riportarono indietro per mostrarci che lo avevano preso. Non dimenticherò mai il suo aspetto miserevole. Poi lo portarono via, e non so cosa gli abbiano fatto.

Un giorno ci fu un brutto incidente. Una macchina su cui avevo lavorato con un altro meccanico perse una ruota. Il *kommandant* minacciò di impiccarmi se fosse capitato ancora qualcosa.

Alcuni prigionieri avevano dei parenti in città, che venivano in visita al campo la domenica. Durante una di queste visite stavo parlando con Lise, una ragazza che era venuta a visitare suo cugino Kurt. La guardia polacca non lo gradì, mi portò dentro al garage e mi colpì in faccia due volte. In quel momento decisi che presto sarei fuggito.

Verso il Natale del 1946 arrivarono le prime lettere di mia moglie e dei miei genitori. Sapevano che ero sopravvissuto alla guerra, e non riuscivano a capire perché fossi tornato in Polonia. Mio padre, che era sempre stato uomo prudente, mi consigliava di essere paziente e di restare dov'ero, perché stare con gli altri era più sicuro. Scriveva che gli Alleati stavano negoziando per il rilascio di tutti i prigionieri, ma che certo ciò poteva richiedere degli anni.

Mi ammalai gravemente lavorando al freddo, e sputavo sangue. Non riuscivo più a lavorare e pensavo di aver contratto la tubercolosi. Il mio caposquadra mi trovò un dottore, che mi diede delle medicine. Dopo due settimane ero guarito.

Con mia sorpresa, un miliziano mi portò una pagnotta da parte di Natasha e di un'altra ragazza che avevo conosciuto. Le ragazze mi pensavano ancora. Una domenica Irma venne a trovarmi a sorpresa e mi portò del cibo. Aveva passato diverse settimane in un *kolchoz*, e ora lavorava in cucina presso la *kommandantura* russa di Lodz.

Era molto graziosa nel suo vestitino, e riuscimmo a passare un po' di tempo assieme.

Una domenica andai io a trovarla. La guardia non voleva farmi passare, ma gli dissi che ero suo cugino. Irma riuscì a passare poco tempo con me; aveva timore del *kommandant*, col quale ora era costretta ad andare a letto. Sua sorella minore, che pure lavorava lì, era incinta di un soldato russo; era il destino delle donne tedesche sotto i russi.

Fu l'ultima volta che vidi Irma.

A marzo visitai nuovamente Olenka, che mi mostrò una lettera dei miei genitori. Le dissi che avevo intenzione di scappare e mi diede 3,000 *zloty* (circa 400 dollari[13]) e un vestito di suo padre. Avrei potuto approfittarne per fuggire, ma nessuno dei miei compagni avrebbe più avuto il permesso di uscire dal campo. Non volevo che succedesse e perciò rientrai. Dovevo fuggire nel modo più difficile, evadendo dal campo.

La mia occasione giunse il 28 maggio del 1947. Al pomeriggio, tornando dal lavoro, notai una scala a pioli appoggiata per terra. Era stata lasciata lì dagli operai che avevano riparato il tetto. Era la mia via di fuga; potevo arrampicarmi sul tetto e uscire dal campo.

Andai nel mio alloggio a prepararmi, ben attento a non lasciar trapelare le mie intenzioni nemmeno ai miei compagni. Rimasi sotto le coperte, vestito, attesi fin oltre la mezzanotte che tutti fossero addormentati. Quando tutto fu quieto mi alzai, e uscii fingendo di andare in bagno.

Dovevo anzitutto capire dove fosse la guardia. Non riuscivo a sentirla né a vederla. Uscii dal bagno, camminai fino al garage e mi nascosi dietro un'auto. Poco dopo udii uno della milizia venire dagli alloggi delle guardie. Si avvicinava all'auto dietro la quale ero nascosto e pensai che mi avesse notato. Rimase davanti all'auto per una decina di minuti. Cominciavo ad innervosirmi, anche perché stava cominciando ad albeggiare. Finalmente si mosse in direzione degli alloggi delle guardie.

Ora dovevo prendere la decisione più difficile. O rinunciavo e tornavo a letto, e l'indomani sarei stato ancora vivo, o andavo avanti col mio piano, a rischio di venire ucciso. Decisi: ora o mai più.

Uscii. Se una guardia avesse guardato fuori, ora mi avrebbe visto in pieno. Sorreggendo la scala attraversai il cortile verso il punto più basso del tetto, che avevo scelto per scappare. Sistemai la scala e salii. Il legno asciutto mandava forti cigolii man mano che vi passavo sopra. Mi misi sulla pancia per distribuire il peso in modo più uniforme. Strisciando lungo il bordo esterno arrivai ad un altro tetto più basso, e da lì a sopra agli alloggi delle guardie. Arrivai sopra la strada, a un'altezza di circa sei metri, e saltai giù.

A causa del coprifuoco la strada era vuota. Dovevo fare in fretta: se la guardia avesse lanciato un'occhiata e notato la scala avrebbe capito cosa stava succedendo. Senza correre attraversai la strada e mi incamminai di buon passo.

D'un tratto notai due miliziani sull'altro lato della strada che si avvicinavano. Continuai a camminare, sicuro che mi avrebbero fermato. Ma erano così presi dalla loro conversazione che mi passarono accanto senza notarmi.

Al primo incrocio girai a destra, perché non mi potessero vedere nel caso si fossero voltati. Andai a una fermata del tram e lasciai Lodz con il primo che arrivò. Fin qui tutto bene, ma ero ancora in grave pericolo. A questo

---

[13] Calcolati al 2020.

punto avevano certamente scoperto la mia fuga e dato l'allarme.

Giunto alla città successiva scesi e andai all'autostrada, dove chiesi un passaggio ad un camion che andava verso ovest. Diedi 25 *zloty* al guidatore, che mi fece salire. Mi sedetti sopra delle casse di legno nel cassone. Ora mi potevo rilassare un po'. Andavamo veloci, e dovevo tenermi con due mani; non facevo attenzione a cosa c'era dietro di noi. Quando alzai lo sguardo vidi una macchina azzurra che si avvicinava rapidamente, e mi resi conto che era l'auto del *kommandant*. Quel giorno doveva recarsi a Breslavia, che era anche la mia destinazione. L'avevo vista all'ultimo momento e pensai che anche loro dovevano avermi notato. In quel momento il camion rallentò e si fermò. C'era un posto di blocco della milizia.

L'auto azzurra si fermò vicino a noi. Ora aspettavo che mi venissero a prendere; invece, non successe nulla. Dopo un po' sentii la macchina ripartire e, poco dopo, anche il nostro camion iniziò a muoversi. Mi sentii sollevato, e arrivammo a Kalisz senza altri incidenti.

Andai alla stazione ferroviaria e controllai i dintorni. La milizia era presente e dovevo stare molto attento.

Mi venne un'idea per come procurarmi un biglietto. Andai in un'agenzia di viaggi, e lo comprai. Poi tornai in stazione, aspettando all'esterno il momento in cui il treno partiva. Quando lo vidi muovere, corsi dentro e saltai sul treno in movimento. Nessuno mi fermò.

Verso mezzanotte arrivai a Breslavia. La città era in rovine dopo i violenti combattimenti. Era la città che avevo rifornito dall'aria durante gli ultimi giorni di guerra.

Uscii dalla stazione e camminai lungo le strade buie. Quando arrivai in una zona dove c'erano delle luci accese, notai un soldato russo di sentinella, e mi resi conto che era una caserma russa.

Non potevo cambiare direzione senza suscitare sospetti. Avevo imparato dall'esperienza che l'audacia aumenta le probabilità di cavarsela; perciò continuai a camminare, oltrepassai il soldato e non venni fermato.

Giunsi in un'altra zona buia e arrivai ad un parco. Mi nascosi tra gli arbusti e dormii fino al mattino dopo.

Appena sveglio, tornai alla stazione e presi un treno per Liegnitz, situata ancora più a ovest. Da lì non sarei stato lontano dal confine con la Germania Est, ma c'era da attraversare un fiume e i ponti erano controllati. Mi resi conto che passare da lì era troppo rischioso e probabilmente non ce l'avrei fatta ad attraversare a nuoto il possente Oder.

Decisi di unirmi ad un gruppo di tedeschi, che i polacchi stavano espellendo dagli ex territori tedeschi. Mi ricordai che Irma mi aveva dato l'indirizzo di persone residenti a Breslavia. Forse avrebbero potuto aiutarmi.

Così tornai indietro. Arrivai verso mezzanotte.

A causa del coprifuoco non potevo restare in stazione, così andai direttamente a cercare queste persone.
Non so come, trovai la via e iniziai a cercare la loro casa. Non c'era un edificio intatto; c'erano macerie ovunque.
Per strada non c'era nessuno ma incappai in un soldato della milizia. Senza aspettare che mi fermasse, andai da lui e gli domandai dove si trovasse il civico che cercavo. Gentilmente venne con me e grazie alla sua torcia trovammo il numero. Lo ringraziai e se ne andò per la sua strada. Ero così sicuro di me che nemmeno per un momento mi preoccupai della situazione.
Decisi di aspettare il mattino per cercare queste persone e mi misi a dormire su alcune tavole abbandonate nel cortile. Purtroppo, al mattino venni a sapere che erano stati espulsi alcune settimane prima. Tornai a Liegnitz.
All'arrivo mi misi a cercare un posto dove stare. Dei tedeschi acconsentirono di ospitarmi per qualche giorno. Diedi loro i miei ultimi soldi.
L'indomani andai al municipio, dove la gente si registrava per essere trasportata in Germania. Guardavo le persone entrare e uscire. Notai una giovane donna che teneva in mano diversi passaporti da registrare. La fermai e le chiesi se poteva inserire il mio nome tra quelli da registrare. Acconsentì, e quando uscì mezz'ora dopo mi diede il biglietto. Felice, la ringraziai.
Il treno sarebbe partito per la Germania due giorni dopo. Alla stazione c'era un sacco di gente, in gran parte donne, bambini e anziani. In giro non c'erano uomini adulti.
Mentre attendevo sulla banchina, improvvisamente uno della milizia venne camminò verso di me. Qualcosa doveva andare storto all'ultimo momento?
Mi chiese cosa avevo nelle tasche. Mostrai un pettine, e un coltellino da tasca che avevo costruito al campo. Prese il coltello e se ne andò.
Poco dopo il treno partì, e passato un ponte ci trovammo in Germania Est. Mi sentivo finalmente libero, la mia odissea di sei anni di guerra e prigionia finalmente conclusa.
Prima di poter andare a casa però, dovevamo restare tre settimane in quarantena in un campo.
Mandai un telegramma a mia moglie, che arrivò pochi giorni dopo. Da quando ci eravamo separati, dopo il nostro matrimonio, erano passati due anni e mezzo. Tante cose erano successe, tante storie da raccontarsi.
Hilla mi disse come era sopravvissuta agli ultimi mesi di guerra. All'arrivo dei russi si era vestita come una donna anziana, perché non si vedesse la sua età. I soldati russi la avevano violentata ripetutamente, comunque.

In Germania Est

Vivevamo in un piccolo paese della Germania Est, dove i miei genitori si erano rifugiati dopo essere fuggiti dalla Polonia. Aiutavamo il padrone a fare i lavori nella proprietà, e lui ci forniva il vitto.
Il cibo in quei giorni era la risorsa più importante. Non ce n'era mai abbastanza, dal momento che i Comunisti avevano razionato tutto.
Dopo il raccolto spigolavamo i campi in cerca di patate e grano. Mia moglie a casa cuciva scarpe di fibra vegetale, per pochi marchi. Mia madre aiutava nella cucina padronale.
Mi padre faceva sempre l'insegnante, ma in una città lontana, e tornava a casa nel fine settimana. Faceva una vita dura, insegnava il russo a bambini tedeschi a cui non interessava per nulla impararlo. Faceva una vita dura, insegnando ogni giorno in posti diversi, che doveva raggiungere in treno o in bici. A causa di ciò, e della scarsità di cibo, la sua salute si deteriorava rapidamente. Morì nel 1955 per una malattia al fegato.
Io provavo a dimenticare la guerra e la prigionia, e tutte le prove che avevo passato.
Mi rimettevo in forze, dopo tutte le mie avventure. Tenevo le mani occupate, cucendo pantofole e riadattando le mie vecchie uniformi dell'NSFK come abiti civili. Studiavo anche inglese.
Arrivò l'inverno, e costruii una stufa che bruciava segatura di legno. Faceva un gran caldo, e il combustibile non costava nulla.
A febbraio ricevetti una lettera dall'Ufficio del lavoro statale, che mi ordinava di presentarmi. Al mattino presi il treno per Torgau. Quando trovai l'ufficio, era il Dipartimento minerario. Non entrai nemmeno. Sapevo che volevano reclutarmi per le famigerate miniere di Uranio di Aue. La gente lì moriva come mosche. Era il peggior impiego che uno potesse ottenere; erano lavori forzati.
Girai i tacchi e andai a casa a far le valigie. Al pomeriggio ero su un treno per la Germania Ovest. Non osavo fermarmi ancora là.

Fuga all'Ovest

Arrivai al confine che era ancora buio, e mi unii ad un gruppo di persone che attraversavano il confine e conoscevano la strada. Comunque fummo presto scoperti ed arrestati dalla Polizia di frontiera della Germania Est. Dovemmo spaccare legna per i poliziotti tutto il giorno, e l'indomani fummo portati ad un altro posto di Polizia dove ci interrogarono. Prima di me c'erano due cittadini della Germania Ovest, che furono rilasciati. Dalla finestra li vidi camminare verso il lato ovest del confine.
Dovetti pagare una multa di 50 marchi e mi fu ordinato di andare a casa. Appena fuori, seguii semplicemente i due tedeschi in Germania Ovest. Nessuno mi fermò!
Andai in treno fino a Colonia. Hans, il mio marconista, viveva in quella zona, da poco tornato da 18 mesi di prigionia in Russia. Schulz, il nostro mitragliere, era stato con lui ma era morto di stenti. Hans era così malato che i russi lo avevano lasciato andare. Non avemmo più notizie di Heinemann; probabilmente anche lui era morto. La sua fidanzata mi scrisse una lettera chiedendo notizie di Kurt, ma non potei dirle nulla. L'*Oberleutnant* Frick ritornò, dopo cinque anni di prigionia in Siberia. Mi scrisse anche la moglie del nostro pilota, che cercava notizie del marito.
Dovetti presentarmi al campo profughi di Wipperfurt, dove mi registrarono come rifugiato politico. Mi diedero una carta d'identità e un posto di lavoro in una fabbrica.
Quattro settimane dopo andai in Germania Est a prendere mia moglie. Attraversai il confine in un punto diverso, a Sonneberg. Stavolta, essendo da solo, riuscii ad attraversare il confine senza essere scoperto.
A casa facemmo velocemente i bagagli e due giorni dopo partimmo, perché per me era rischioso anche il solo fatto di trovarmi lì.
Andammo a Berlino perché mia moglie voleva salutare sua madre. Poi ci recammo al varco di confine, a Helmstedt.
Arrivammo nel tardo pomeriggio. Tutti scesero dal treno e si dispersero nei campi, per aggirare il posto di controllo. Tutti viaggiavano leggeri, e in men che non si dica erano fuori vista.
All'inizio del 1948 non c'erano ancora campi minati e filo spinato lungo il confine. I poliziotti della Germania Est e i soldati russi pattugliavano notte e giorno. Chi veniva preso era soggetto all'arresto; in seguito veniva multato o incarcerato.
Lungo il confine un altro pericolo erano i banditi, che assalivano le donne e i viaggiatori soli. I giornali erano pieni di storie di furti e persino omicidi.
Io portavo due valigie, e sulle spalle uno zaino con sopra una scatola e

due ruote da bicicletta. Mia moglie era all'ottavo mese di gravidanza e non poteva portare nulla. Avanzavamo molto lentamente nella neve alta. Arrivati in una foresta prendemmo uno stretto sentiero, e d'improvviso incontrammo una folla di persone. Era tutta gente scesa dal nostro treno, che era già stata fermata dai soldati russi.

Anche noi dovemmo invertire la marcia. Ma con il carico che avevo addosso ritardavamo tutti. Sentii un russo dire all'altro di perquisirci e, se non avevamo merce di contrabbando, di lasciarci andare.

Controllarono che non avessimo armi o alcolici e dato che eravamo puliti, ci lasciarono andare. Continuammo il cammino fino alla Germania Ovest e alla prima stazione prendemmo un treno.

Eravamo giunti nel Mondo Libero.

Arrivati a Colonia mia moglie trovò alloggio a casa dei nostri amici. Quattro settimane dopo nasceva nostro figlio, Joachim. Io facevo i turni in un impianto chimico; era un lavoro sporco e duro.

Vivevo e mangiavo in fabbrica, in una camerata. Dopo il lavoro andavo a trovare la mia famiglia, facendo a piedi i 3 km di distanza.

Dopo quattro settimane ci rendemmo conto che dovevamo trovare una casa per noi. Allora non era facile, in quanto tutte le abitazioni erano controllate dal Dipartimento per l'Edilizia. Andai in municipio e domandai un posto per la mia famiglia. Un impiegato grasso mi chiese da dove venivo; aveva capito che non parlavo il dialetto di Colonia e gli stranieri, soprattutto i profughi dalle zone orientali, non erano benvenuti. Ci chiamavano *Rucksack Deutsche* ("tedeschi con lo zaino").

Gli dissi che da non molto ero tornato dal campo di concentramento in Polonia e in seguito avevo dovuto scappare dalla Germania Est. La sua risposta fu: "Avreste dovuto restare là. Qui non c'è posto per voi." Questo mi ferì veramente. Avevo combattuto quattro anni perché questo tizio potesse starsene comodamente seduto dietro la sua scrivania.

Avendo capito che alla Germania non importava dei suoi veterani, decisi che me ne sarei andato. Nel 1948 presentai domanda di emigrazione negli Stati Uniti. Essendo nato in Polonia, il Governo americano mi considerava "polacco." Le quantità ammesse erano ridotte, per cui non avevo speranze.

Cominciai a cercarmi da solo un posto dove vivere. Trovai una stanza di tre metri per tre, in un edificio vecchio di 200 anni. Mancava un muro esterno, che era stato colpito da una bomba durante la guerra. In fabbrica presi mattoni e malta e riparai il muro. Ci procurammo una stufa usata, un tavolo e un letto. A questo punto la stanza era già piena. Dovevamo sederci sul letto, perché non c'era spazio per una sedia.

Trovai il telaio di una bicicletta in discarica e vi montai le due ruote che avevo portato dalla Germania Est. Ora almeno potevo andare al lavoro "su ruota".

Lavoravo giorno e notte, tutti i giorni, alla domenica, nei festivi, anche a Natale. Quando gli altri si mettevano il vestito della festa per andare a ballare o a passeggiare la domenica, io inforcavo la bici e andavo al lavoro.

Tutto era razionato e con i soldi non si poteva comprare molto. La ditta ci dava una gomma da bicicletta al mese come bonus. Io la scambiavo per 50 kg di grano, che macinavamo per fare della farina.

Quando il governo assegnò 40 *Deutschmark* a persona le cose migliorarono. Ora sul mercato si poteva comprare ogni cosa. Comprai un completo nuovo e delle scarpe, e vestiti per mia moglie. Comprammo mobili nuovi e la più bella radio sul mercato. Un anno dopo comprai una motocicletta. Quello che non riuscivamo ad avere era un'abitazione migliore. Da quando era stato liberalizzato il mercato immobiliare, i proprietari per un appartamento chiedevano da tre a cinque anni di affitto anticipato. Oltre all'affitto chiedevano anche diverse migliaia di marchi, solo per avere l'appartamento. Non avevamo tutti quei soldi, e dovemmo vivere in quella topaia per otto anni.

Avendo così poco spazio, nostro figlio andò a vivere per quattro anni dai nonni a Berlino e in Germania Est. La cosa peggiore è che, a causa di tutto questo, il mio matrimonio andava in pezzi. Divorziammo nel 1956, dopo 11 anni.

I miei genitori vivevano ancora in Germania Est. Quando mio padre morì, nell'inverno del 1955, andai al funerale con la mia famiglia, ma la polizia della Germania Est non ci lasciò passare il confine.

Lasciai la mia famiglia e la macchina e entrai direttamente a piedi nella Germania Comunista. Nessuno mi poteva impedire di andare al funerale di mio padre.

Fu il giorno più triste della mia vita. Giunsi a destinazione alle 3:00 del mattino. Il giorno dopo andammo nella cappella, e aprirono la bara perché potessi vedere mio padre per l'ultima volta. Dopo la sepoltura, portai mia madre con me in Germania Ovest.

Nel 1957 sposai la mia seconda moglie, Irmgard. Anche lei aveva prestato servizio durante la guerra, come operatrice alle telescriventi del Quartier Generale della *Luftwaffe*. Vedeva ogni giorno gli alti papaveri del comando supremo compreso Göring. Aveva visto con i suoi occhi come la guerra fosse stata sabotata dirottando trasporti di armi e munizioni alle destinazioni sbagliate, falsificando rapporti dal fronte e emanando ordini sbagliati. Così facendo, la gente pensava di anticipare la fine della guerra e liberarsi di Hitler, senza realizzare che anche loro alla fine sarebbero stati puniti, insieme a tutta la nazione tedesca.

A maggio del 1958 emigrammo in Canada. La vita era dura a causa del clima rigido e della scarsità di impieghi. Nel 1961 ci spostammo in California. Nostra figlia, Yvonne, nacque l'anno successivo.

Lavoravo come meccanico di automobili, nel 1969 aprii la mia propria officina, e mia moglie aprì un *fast food*. Lavoravamo duro e le cose andavano bene. Dopo dieci anni vendetti la mia attività, dopo sei anni mia moglie vendette la sua. Ora siamo in pensione.

Volo ancora, come capitano in uno Squadrone di Ricerca e Soccorso del *Civil Air Patrol*.

Eppure mi manca la mia terra, dove siamo nati io e i miei vecchi. Non potrò mai tornarvi: è perduta per sempre, come tutto ciò che la mia famiglia in cinque generazioni aveva costruito e messo da parte.

Nel 1981, quando in Polonia venne dichiarata la legge marziale, contattai nuovamente Olenka. Le offrii di mandare pacchi di cibo, come faccio ancora ogni Natale. Ora lei è sulla settantina, e per tutti quegli anni non aveva saputo se fossi riuscito a fuggire. Non osavo scriverle, per paura di rappresaglie nei suoi confronti.

La mia terra mi manca ancora, ma mai più potrò tornarvi. Gli assassini del mio popolo vi comandano ancora. Ma adesso, stanno ammazzando e brutalizzando il loro stesso popolo.

Appendici

Il Kampfgeschwader KG 55 "Greif"

Il *KG 55* fu uno dei più longevi e famosi Stormi da bombardamento della *Luftwaffe*. Il *Geschwader* impiegò esclusivamente l'*Heinkel He 111* fino al 1943, quando da quella data solo due *Staffel* dei suoi quattro *Gruppe* furono dotati del *Junkers Ju 88C*.

Il *Geschwader* fu formato nel maggio 1939, in seno a un tardivo impulso nell'espansione numerica dei bombardieri medi della *Luftwaffe*. La formazione del *Geschwader* iniziò il 1° maggio 1939 con la creazione dello *(Stab) Gruppe* (Gruppo Comando) e del *I.* e *II./KG 55* (I e II Gruppo da bombardamento). Il *III./KG 55* fu costituito il 1° novembre 1939, due mesi dopo l'inizio della guerra. Il *IV. (Erg.)/KG 55* fu costituito il 1° agosto 1940 per addestrare i nuovi equipaggi inviati al *Geschwader*. Il primo *Geschwaderkommodore* del reparto fu il *Generalmajor* Wilhelm Süßmann.

Il *KG 55* vide per la prima volta azione nell'invasione tedesca della Polonia nel settembre 1939. Durante la "*Drôle de Guerre*" dal settembre 1939 all'aprile 1940, il *Geschwader* compì missioni di ricognizione armata sulla Francia. Nel maggio 1940 il *KG 55* partecipò alla Battaglia di Francia fino alla fine della Campagna nel giugno 1940.

Nel luglio 1940 il *KG 55* prese parte alla battaglia d'Inghilterra, subendo perdite significative. Il 14 agosto il *KG 55* perse il suo *Geschwaderkommodore Oberst* Alois Stoeckl, ucciso in azione sull'Inghilterra. Il *Geschwader* continuò le sue operazioni sulle isole britanniche durante il Blitz fino al giugno 1941, attaccando obiettivi in Irlanda del Nord, Scozia e Galles.

Nel giugno 1941 i *Gruppe* dell'unità parteciparono all'operazione "*Barbarossa*" e trascorsero gli anni successivi sul fronte orientale. Il *KG 55* condusse la maggior parte delle sue operazioni nel settore meridionale della Russia a sostegno dell'*Heeresgruppe Süd*. I *Gruppe* del *KG 55* parteciparono ai grandi successi iniziali della *Wehrmacht*, che includevano le grandi battaglie di accerchiamento a Kiev e la prima battaglia di Kharkov, prendendo parte anche alla battaglia di Mosca e bombardando la città.

Nel 1942 il *KG 55* partecipò alla seconda battaglia di Kharkov e alla battaglia del Caucaso e alla battaglia di Stalingrado. Il *Geschwader* continuò a operare come unità di bombardieri e come unità di rifornimento aereo per sostenere l'Esercito tedesco e intraprese anche alcune delle poche operazioni di bombardamento strategico condotte dalla *Luftwaffe* contro gli impianti industriali bellici sovietici nel 1943 e 1944. Dopo la battaglia di Kursk del luglio-agosto 1943, dove gli *Heinkel 111* condussero missioni di supporto tattico (ben 899 in soli otto giorni) sganciando i loro carichi di bombe anche a meno di 200 metri (!) dai *Panzer* avanzanti del *II. SS-Panzerkorps*, l'unità fu sempre più costretta a volare di notte a causa della crescente efficienza dell'aeronautica militare sovietica e l'inferiorità numerica della caccia tedesca. Nel 1944 effettuò delle riuscite missioni contro le forze da bombardamento strategico dell'*USAAF* basate in Unione Sovietica, e continuò a dare supporto alle truppe tedesche impegnate nei combattimenti difensivi e di ripiegamento sul fronte orientale nell'estate del 1944 con missioni di interdizione e di rifornimento dall'aria tramite aviolanci.

Nell'ottobre 1944 i *I., II.* e *III. Gruppe* furono rinominati *KG (J)* e convertiti in reparti dotati di aerei da caccia per le operazioni di difesa del Reich. I *Gruppe* rimasero attivi fino all'ultimo giorno di guerra. Il *IV. (Erg.)/KG 55* fu sciolto il 21 novembre 1944. La *14. (Eis)/KG 55*, formata quale *Staffel* indipendente nel giugno 1943 e specializzata negli attacchi a bassa quota ai treni russi con i suoi *Heinkel 111 H-16*[14], fu sciolta il 27 aprile 1945, dopo aver rifornito le *Festung* accerchiate e bombardato i ponti sull'Oder nelle ultime settimane di guerra.

Dal 1° settembre 1939 al 1° ottobre 1944 il *KG 55* aveva totalizzato 54.272 missioni di combattimento, sganciato 60.938 tonnellate di bombe e trasportato 7.514 tonnellate di rifornimenti. Il *Geschwader* ebbe 710 uomini uccisi in azione e 747 dispersi.

Geschwaderkommodore del Kampfgeschwader KG 55

Generalmajor Wilhelm Süßmann, 1.5.39 - 6.3.40
Oberst Alois Stoeckl, 7.3.40 - 14.8.40
Oberstleutnant Hans Korte, 15.8.40 - 31.1.41
Oberstleutnant Benno Kosch, 1.2.41 - 26.8.42
Oberstleutnant Dr. Ernst Kühl, 27.8.42 - 7.8.43
Oberstleutnant Wilhelm Antrup, 8.8.43 - 21.11.44
Major Richard Brunner, 22.11.44 - 8.5.45

---

[14] Alcuni *Heinkel 111 H-16* dell'unità furono dotati di sino a sei cannoncini *MG FF* da 20 mm; uno nella usuale posizione a prua, due nella parte inferiore del muso, e gli altri in un pod ventrale. Gli aerei erano poi dotati di uno speciale altimetro elettrico, che gli consentiva di volare a una quota di soli venti metri in prossimità delle linee ferroviarie nemiche; gli attacchi ai treni erano poi condotti come procedura standard con bombe a grappolo *SD* e cannoncini da appena 14 metri di quota! La *Staffel* perse dieci equipaggi in azione, ma condusse oltre 5.000 missioni a bassa quota contro il traffico ferroviario russo, bombardando con i suoi in media cinque o sei aerei operativi 216 stazioni ferroviarie e distruggendo 224 treni con 2.200 vagoni ferroviari.

Abbreviazioni e glossario tedesco-italiano della Luftwaffe

Abt., Abteilung: Battaglione, Dipartimento
Aufkl Gr, Aufklärungs-Gruppe: Gruppo da Ricognizione aerea

Betr, Betriebs-: Operazioni
BoFlGr (BF Gr), Bord-Flieger-Gruppe: Gruppo aereo imbarcato
BoFlSt, Bord-Flieger-Staffel: Squadriglia aerea imbarcata
Btl, Bataillon: Battaglione

DLM, Deutsche Luftwaffe Mission: Missione militare tedesca della Luftwaffe

Einsatzgruppe: Gruppo operativo
Erg, Ergänzungs-: Addestramento e rimpiazzi (a volte impiegato operativamente)
Erpr, Erprobungs-: Sperimentale
ETr, Eisenbahn-Transportschutz: Protezione ferroviaria

(F), Fern-: Ricognizione strategica a lungo raggio
FAGr, Fernaufklärungsgruppe: Gruppo da Ricognizione strategica a lungo raggio
FAS, Flakartillerieschule: Scuola d'artiglieria contraerea
FJ, FsJg, Fallschirmjäger: Paracadutisti
Fl, Flieger-: Aerea, dell'Aria
FlDiv, Flieger-Division: Divisione Aerea
Flak, Flugabwehrkanone: Cannone contraereo, Arma contraerea
FliFü, Flieger-Führer: Comandante Aereo
Flivo, Flieger-Verbindungsoffizier: Ufficiale di collegamento dell'Aeronautica
Flk, Fliegerkorps: Corpo Aereo
Fs, Fallschirm-: Paracadutato

Geschw, Geschwader: Stormo
(gem), gemischt: misto
Gen.d.Lw., General der Luftwaffe: Generale della Luftwaffe
GG, "General Göring": Reggimento d'élite per combattimento terrestre della Luftwaffe (vedi HG sotto)
Gr, Gruppe: Gruppo
Gruft, Gruppenfliegerstab: Comando cooperazione Luftwaffe-Heer

(H), Heer: Ricognizione tattica a corto raggio assegnata a unità della Heer
HG, "Hermann Göring": Brigata, Divisione e infine Corpo d'Armata d'élite per combattimento terrestre della Luftwaffe
Hqs, Hauptquartiers: Quartier Generale
HöNaFü, Höherer Nachrichtenführer: Capo Supremo delle Trasmissioni

JaFü, Jagd-Flieger-Führer: Capo Superiore dell'Arma dei Caccia
JGr, Jagd-Gruppe: Gruppo da Caccia (monomotore)
JG, Jagd-Geschwader: Stormo da Caccia (monomotore)

Kdo, Kommando: Comando
KG, Kampf-Geschwader: Stormo da Bombardamento
KGr zbV, Kampf-Gruppe zur besonderer Verwendung: Gruppo da trasporto
Koflug, Kommando Flughafenbereich: Comando regionale aeroporti
Koluft, Kommandeur der Luftwaffe: Comandante della Luftwaffe (aggregato alla Heer come collegamento)
Kü Fl Gr, Küsten-Flieger-Gruppe: Gruppo aereo costiero

le (lei), leicht: leggero
Lfl, Luftflotte: Flotta Aerea
LG, Lehr-Geschwader: Stormo d'Istruzione (a volte impiegato operativamente)
Luftgau: Distretto Aereo
LLG, Luft-Lande-Geschwader: Stormo da Aviosbarco (alianti)
Lsp, Luftsperr: Pallone aerostatico di sbarramento
LTF, Lufttransportfüher: Capo del Trasporto aereo
Lv, Luftverteidigung: Difesa aerea
LW, Luftwaffe: Aeronautica militare tedesca

mot, motorisiert: motorizzato
mot Z, motorisierter Zug: Plotone motorizzato

(N), Nacht-: Notturno
NA Gr, Nahaufklärungs-Gruppe: Gruppo da Ricognizione a corto raggio (tattica)
NJD, Nachtjagd-Division: Divisione della Caccia notturna
NJG, Nachtjagd-Geschwader: Stormo Caccia notturna
NS Gr, Nachtschlacht-Gruppe: Gruppo da Disturbo/Attacco al suolo notturno

(o), ortsfest: statico, non mobile
Ob.d.L., Oberberbefehlshaber der Luftwaffe: Comandante in Capo della Luftwaffe
OKL, Oberkommando der Luftwaffe: Comando Supremo della Luftwaffe

Pi, Pionier: Genio
(Pz), Panzer: Ricognizione a corto raggio (tattica) assegnata a unità Panzer o meccanizzate
PzJg, Panzerjäger: Controcarro

Rgt, Regiment: Reggimento

(S), See: Aviazione Navale

s., schwer: pesante
SA Gr, Seeaufklärungs-Gruppe: Gruppo da Pattugliamento marittimo
(Sch), Schlachtflieger: Attacco al suolo
Sanitäts-Flugbereitschaft: Reparto di volo d'evacuazione sanitaria
Seenot: Ricerca e soccorso in mare
Seenotstaffel: Squadriglia di Ricerca e soccorso in mare
SF, Siebel-Fähre: Pontone Siebel (motozattere alle dipendenze della Luftwaffe)
Sfl, Selbstfahrlafette: Semovente
SKG, Schnell-Kampf-Geschwader: Stormo da Bombardamento veloce (caccia-bombardieri)
SNDF, Seenotdienstführer: Comandante della Ricerca e soccorso in mare
St, Sta, Staffel: Squadriglia (vedi anche Stab, sotto)
St, Stb, Stab: Comando (vedi anche Staffel, sopra)
(St), Stuka, Sturzkampfflieger: Bombardiere in picchiata
Stabia, Stabsbildabteilung: Reparto fotografico dello Stab
StG, Stuka-Geschwader : Stormo da Bombardamento in picchiata
Stoluft, Stabsoffizier der Luftwaffe: Ufficiale di Stato maggiore della Luftwaffe

TG, Transport-Geschwader: Stormo da Trasporto

(v), (verlegbar): Mobile, ma senza mezzi di trasporto organici

W, Wetter: Meteorologico
WBZ, Wetter-Beratungs-Zentrale: Centrale Meteorologica
Wekusta, Wetter-Erkundungs-Staffel: Squadriglia Osservazione meteorologica
Westa (F), Wetter-Fernerkundungs-Staffel: Squadriglia Osservazione meteorologica a lungo raggio
Wüstennot: Ricerca e soccorso nel deserto

Z, (Z), Zerstörer: Caccia distruttore (bimotore)
zbV, zur besonderen Verwendung: per compiti speciali
ZG, Zerstörer-Geschwader: Stormo Caccia distruttori (bimotore)
ZSt, Zerstörer-Staffel: Squadriglia Caccia distruttori (bimotore)

Comparazione dei gradi della Luftwaffe e della Regia Aeronautica

Reichsmarschall – Maresciallo del Reich, grado superiore a *Generalfeldmarschall* creato da Adolf Hitler appositamente per Hermann Göring. Senza equivalente nella Regia Aeronautica.
Generalfeldmarschall – Maresciallo dell'Aria
Generaloberst – Generale d'Armata Aerea
General – Generale di Squadra Aerea
Generalleutnant – Generale di Divisione Aerea
Generalmajor – Generale di Brigata Aerea
Oberst – Colonnello
Oberstleutnant – Tenente Colonnello
Major – Maggiore
Hauptmann – Capitano
Oberleutnant – Tenente
Leutnant – Sottotenente
Stabsfeldwebel – Maresciallo maggiore
Oberfeldwebel – Maresciallo
Feldwebel – Maresciallo
Unterfeldwebel – Sergente maggiore
Unteroffizier – Sergente
Stabsgefreiter – Primo Aviere
Hauptgefreiter – Primo Aviere
Obergefreiter – Primo Aviere
Gefreiter – Aviere scelto
Flieger – Aviere

Organizzazione base della Luftwaffe

Reichsluftfahrtministerium – Ministero dell'Aria
Oberkommando der Luftwaffe – Comando Supremo della *Luftwaffe*
Luftflotte – Flotta Aerea, formata da più *Fliegerkorps* e *Flieger Division*, con sino a 1.000-1.250 aerei
Fliegerkorps – Corpo Aereo, formato da più *Geschwader*
Flieger Division – Divisione Aerea, formata da più *Geschwader*
Geschwader – Stormo, formato da 3 o più *Gruppe*, con circa 90-125 aerei
Gruppe – Gruppo, formato da 3-4 *Staffel*, con circa 30-40 aerei
Staffel – Squadriglia, formata da 12 aerei

In volo le *Staffel* si suddividevano tatticamente in *Schwarm*: i caccia in formazioni tattiche sfalsate di 4-6 aerei o nella formazione "a quattro dita" di 4 aerei, a loro volta suddivise in *Rotte* di due aerei, pilota e gregario, e i bombardieri in *Kette* di tre aerei in formazione a "V".

L'addestramento con gli alianti era comune negli anni '30 per i giovani appassionati di volo tedeschi. Nella foto, l'autore con un istruttore dell'NSFK ad una esercitazione pratica.

Anche nella Luftwaffe, i futuri aviatori erano innanzitutto soldati. Georg Zirk fa la guardia a un aereo Fieseler Fi 156 Storch in Italia, primavera 1940 (le fotografie in questa sezione sono di proprietà dell'autore).

Prima i fucili, poi gli aerei! Zirk e un collega di corso puliscono i loro Mauser K98k a Le Havre, in Francia, durante il loro addestramento di base pre volo nel 1942.

Quale Flieger, Zirk frequenta l'addestramento al tiro per equipaggi in Austria.

Lo sbarco Alleato a Dieppe nell'agosto 1942 richiese immediate misure di sicurezza aeroportuali. Zirk e un camerata in posizione con una MG 15 aerea dotata di kit per l'impiego terrestre, consistente un bipiede e calcio. La Luftwaffe provvedeva di solito autonomamente alla difesa terrestre delle sue strutture aeroportuali.

Gli inglesi subirono pesanti perdite aeree sopra Dieppe. La punta dell'ala di uno Spitfire e una delle sue mitragliatrici Browning calibro .303 (7.7 mm) diventano trofei per l'unità dell'autore.

Adesso un Gefreiter, l'autore vola nella Scuola d'addestramento per navigatori-puntatori durante l'estate del 1942.

L'equipaggio di Zirk nell'abitacolo del loro "Anton Kurfurst", l'Heinkel 111 nel quale volavano nel Kampfgeschwader 55 durante il 1943. Da sinistra, gli Unteroffizier Kamprath e Will e il pilota, Oberleutnant Frick.

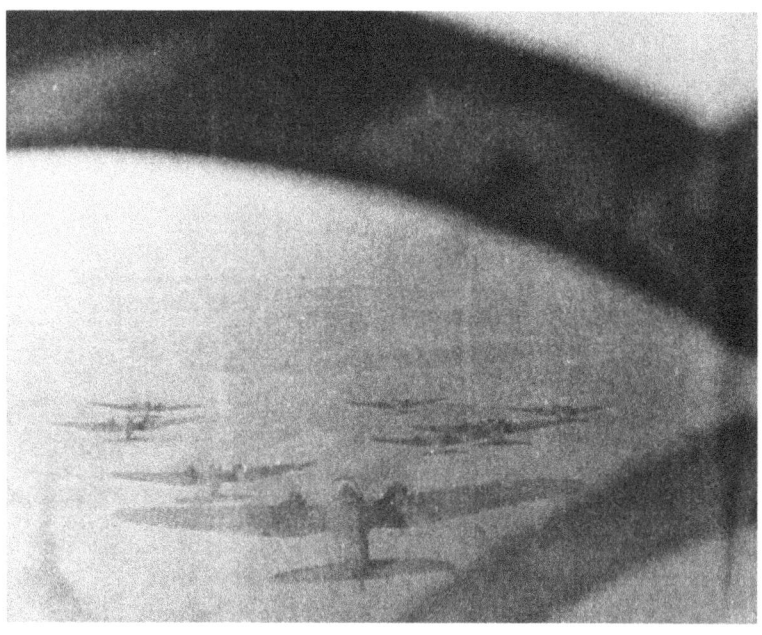

La vista dalla posizione del navigatore mentre la 1. Staffel del KG 55 effettua una missione nel bacino del Don, estate 1943.

Il primo bersaglio del puntatore Zirk – posizioni russe presso Taganrog.

Aerei del II. Gruppe del KG 55 di ritorno da una missione. A piena forza un Gruppe schierava dai 27 ai 30 aerei, con tre o più gruppi a formare un Geschwader (Stormo).

Le prolungate battaglie nel bacino del Don e Donets significavano ripetute sortite per gli aerei della Luftwaffe. Il bombardiere dell'autore è riarmato e rifornito per un'altra missione.

Aerei della 1. Staffel, II. Gruppe del KG 55 sopra il settore meridionale del fronte russo, estate 1943. L'aereo del comandante di Squadrone porta la lettera B, identificante l'Hauptmann Schröders.

Georg Zirk fu promosso Sottufficiale agli inizi del 1944, e, quell'estate, ricevette la Croce di Ferro di prima classe e la Frontfluspange per i voli di combattimento su bombardieri per aver completato 60 missioni.

Georg Zirk nel suo "ufficio", la posizione del puntatore, mentre il suo Heinkel si avvicina a un obiettivo russo, 1943. Notare la sua strumentazione e al centro della foto l'impugnatura di una pistola lanciarazzi Leuchtpistole.

L'"Anton Kurfurst" dell'Obergefreiter Zirk con il suo mimetismo ormai usurato mentre la primavera si avvicina in Polonia, 1944.

L'equipaggio di Zirk ha appena eseguito un volo di prova con il nuovo Heinkel 111 H-21 dotato della torretta dorsale con una mitragliatrice pesante MG-131 da 13 mm presso la posizione del marconista. Il nuovo modello arrivò al reparto ai primi del 1944.

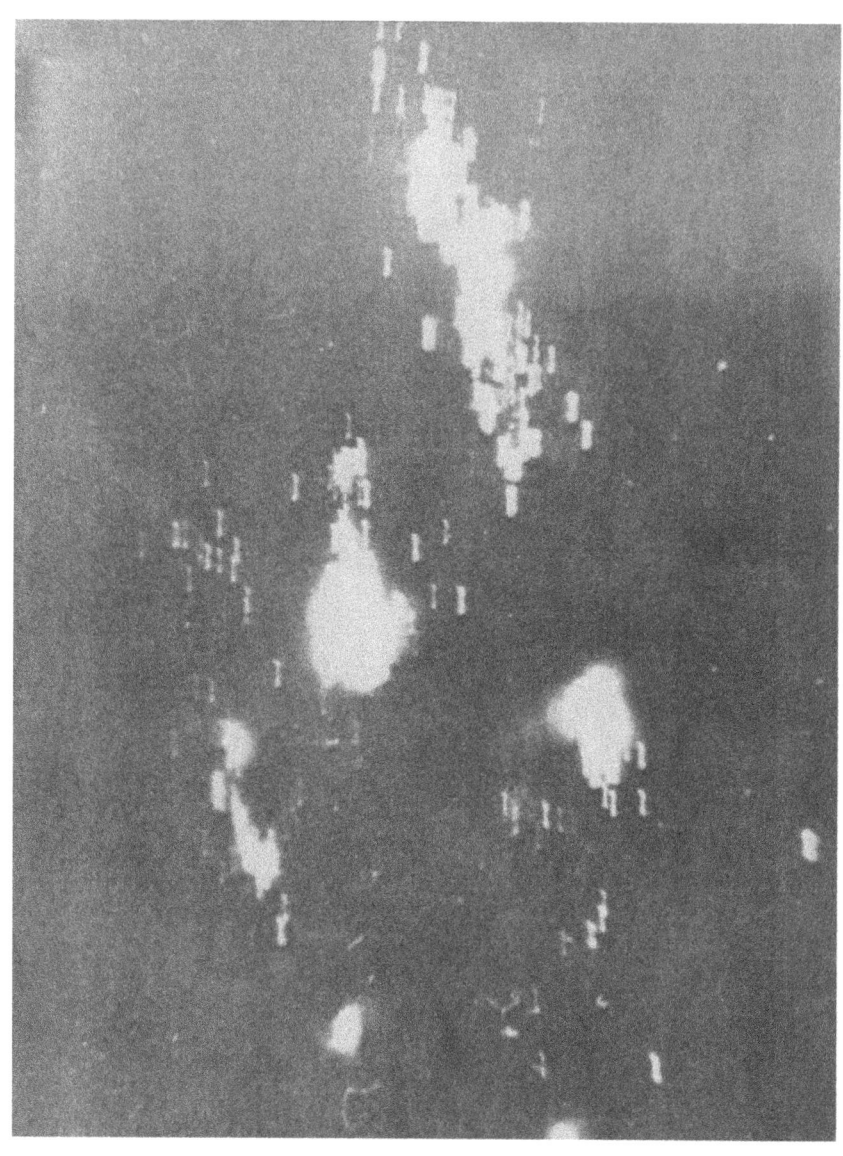

Tre quarti delle missioni compiute dall'autore furono eseguite di notte, prima con il KG 55 e poi con i designatori di bersagli del KG 4. Questa fotografia mostra le esplosioni di treni di munizioni e carburante vicino a Kiev, aprile 1944. Fu uno dei periodi di maggiori successi dei bombardieri della Luftwaffe sul fronte orientale. Ma queste missioni terminarono in settembre.

Georg Zirk sposò Hildegard Kroll a Berlino il 6 gennaio 1945. Quattro mesi dopo la guerra in Europa finiva e incominciava un nuovo e forse ancor più duro periodo.

Un sorridente Georg Zirk nel 1984 riunito con un Heinkel 111 esposto ad Harlingen in Texas.

Un Heinkel 111 H in volo ripreso dalla posizione del puntatore. Ben visibile la posizione difensiva dorsale e una delle posizioni difensive laterali, tutte dotate di una mitragliatrice singola MG 15 da 7.92 mm. Nelle versioni seguenti, la posizione dorsale fu migliorata con una vetratura richiudibile (H-4) e poi completamente chiusa e dotata di vetro blindato (H-11) e infine con una torretta rotante elettrica Drehringlafette DL 131/1 C (H-16) dotata di mitragliatrice pesante MG 131 da 13 mm. Le MG 15, aumentate in numero sino a sette dalla versione H-3 (più talvolta un cannoncino MG FF nel muso o nella parte frontale della gondola inferiore e meno frequentemente una MG 15 caudale fissa), furono in seguito in tutto o in parte sostituite dalle MG 131 o da MG 81 e MG 81 Z binate da 7.92 mm.

Due Heinkel 111 in volo.

Formazione di Heinkel 111 fotografata dalla posizione dorsale.

I numerosi bossoli sparati dalla MG 15 della posizione ventrale dopo uno scontro aereo.

Heinkel 111 H sul fronte russo dotato di cannoncino MG FF da 20 x 80 mm nella posizione frontale. L'arma, di dimensioni compatte, aveva una Vo alla bocca di 600 m/s e una cadenza di fuoco di 520 colpi/minuto piuttosto basse, compensate però dall'alta capacità distruttiva dei suoi proiettili da 134 gr ad alto esplosivo, perforanti o incendiari. In questa versione e posizione, l'arma era alimentata da lastrine da 15 colpi o caricatori cilindrici da 30 al posto degli usuali da 60. Notare il reticolo di mira, il convogliatore dei bossoli sparati e la porta d'espulsione sotto il muso vetrato.

Heinkel 111 H in volo sul fronte russo, 26 gennaio 1943.

Un Heinkel 111 H del KG 55 su un aeroporto coperto di neve nell'inverno 1942-1943. In primo piano, una mitragliera quadrinata Flakvierling 38 con serventi della Luftwaffe.

L'Heinkel 111 H "G1+SK" della 2. Staffel del KG 55 in rifornimento. Notare la mimetizzazione temporanea bianca su aereo e automezzo.

Russia, 24 marzo 1943. In questa particolare foto in primo piano due bombe SC 1000 da 1.000 kg appese ai punti d'attacco ventrali.

Un Heinkel 111 H in volo, agosto 1943.

Il 24 agosto del 1943 la 5. Staffel del KG 55 al comando dell'Hauptmann Rybka portava a termine la sua 4.000ª missione. Notare in alto l'emblema della Staffel, un bruco di colore rosso, e il cannoncino MG FF sul muso dell'aereo.

Un Heinkel 111 tornato alla base nonostante i gravissimi danni all'ala destra.

Russia, 14 febbraio 1944. L'equipaggio di un Heinkel 111 in missione.

Heinkel 111 H del KG 55 in Romania, maggio 1944. Il bombardiere in foto è carico di due bombe SC 1000 ed è armato di mitragliatrici MG 131.

L'equipaggio del Feldwebel Justen, abbattuto dietro le linee nemiche presso Staraja Russa il 13 maggio 1944 e riuscito a raggiungere le proprie linee presso Pleskau il 25 maggio, dopo quasi due settimane di cammino.

21 giugno 1944. Gli ultimi preparativi e l'aggancio dei paracadute per questo equipaggio prima della partenza per la missione di bombardamento su Poltava.

L'Oberleutnant Wilhelm Antrup, Kommodore del KG 55. Designato "Angriffsführer Mirgorod" con obiettivo questo aeroporto, vista la difficoltà degli equipaggi di identificare i due aeroporti e scorti i primi bengala lanciati sul finalmente identificato bersaglio di Poltava, prese la decisione corretta di portare il suo Geschwader su questo aeroporto, dando così il colpo di grazia alla forza di B-17 dell'USAAF già colpita dagli Heinkel 111 del Kampfgeschwader 53 assegnati a quell'obiettivo.

Area d'assembramento per la missione su Poltava del 21 giugno 1944.

Volo di notte, verso oriente, assieme al KG 53 "Legion Condor".

Una eccezionale immagine dei primi istanti del raid contro i bombardieri americani atterrati presso l'aeroporto russo di Poltava la notte del 21-22 giugno del 1944: i marcatori di bersagli e bengala dei bombardieri designatori di bersagli della Luftwaffe sono sganciati con precisione sull'aeroporto e tra i B-17 parcheggiati, mentre i traccianti della contraerea leggera sovietica solcano il cielo notturno.

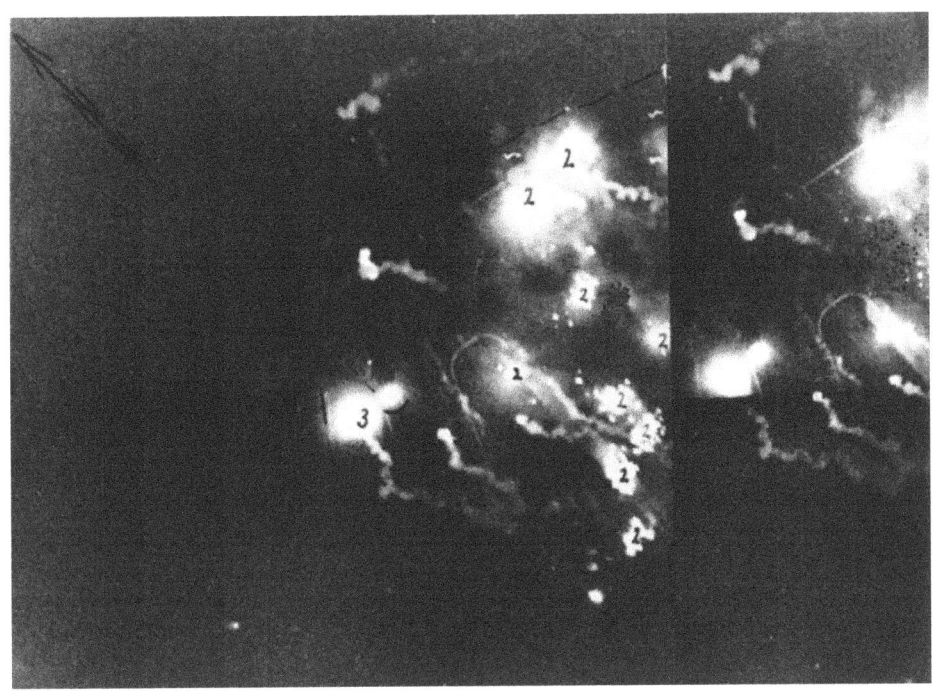

Fotografia aerea scattata durante l'attacco da aereo del I./KG 55 durante l'attacco su Poltava da una quota di 5.150 metri. La linea tratteggiata = il perimetro dell'aeroporto, i circoletti a puntini = aerei schierati, 1 = probabili aerei in fiamme 2 = tappeto di bombe incendiarie (marcatori di bersagli) sulla pista di decollo e sui piazzali di sosta 3 = bombe illuminanti (bengala).

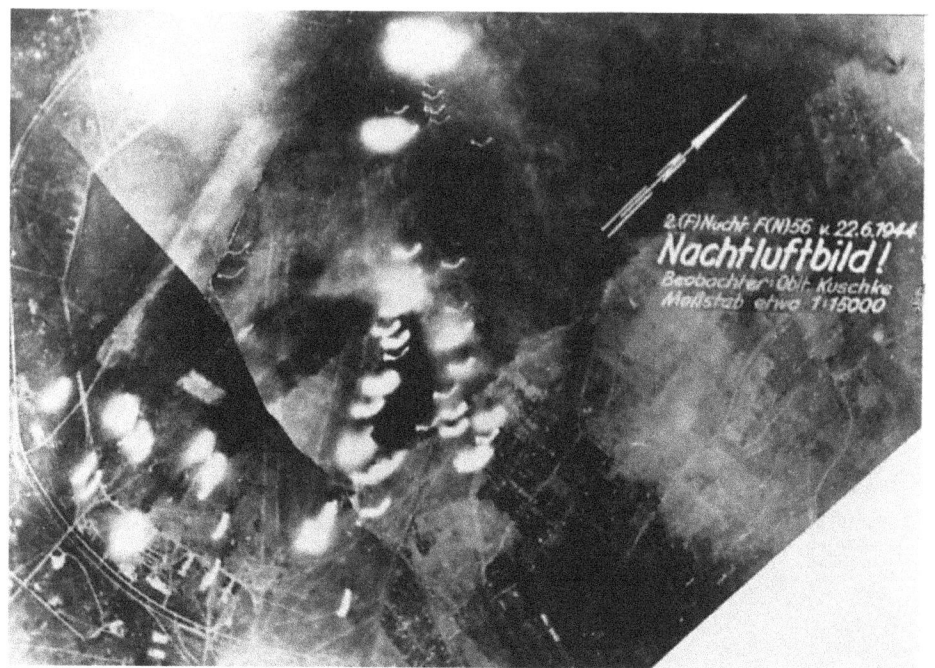

Fotografia aerea notturna post attacco scattata da un ricognitore a lungo raggio poco tempo dopo la fine del raid.

Fotografia aerea dell'aeroporto di Poltava dopo il raid, costellato di aerei americani distrutti o danneggiati. Sulla sinistra un ingrandimento dell'area riquadrata a destra della fotografia.

Le carcasse di alcuni dei B-17 dell'USAAF distrutti nel riuscito raid di Poltava.

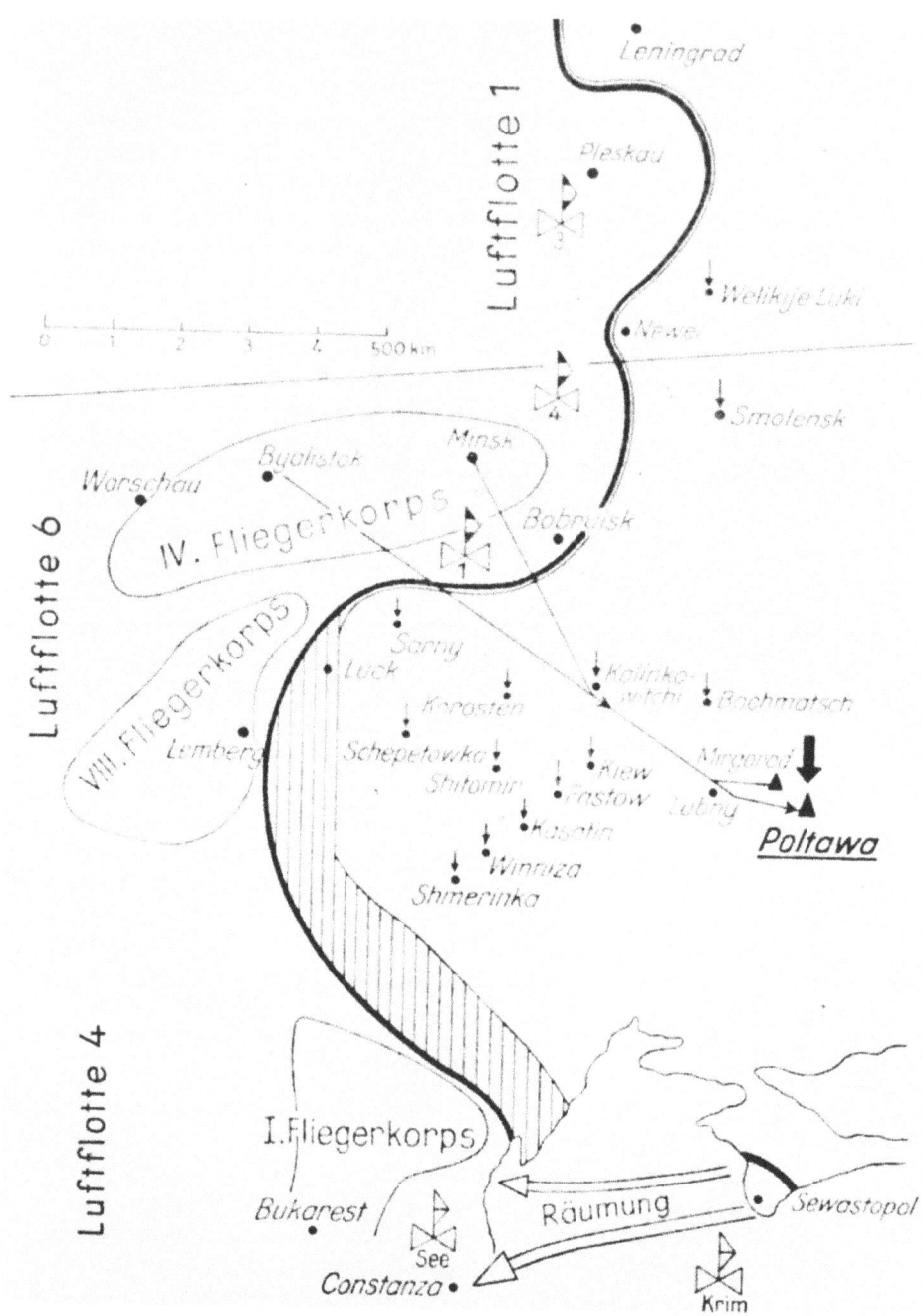

Le aree di operazione del KG 55 sul fronte orientale nel 1944. Dalle località e nodi ferroviari bombardati nell'operazione "Bomberstrom Ost" (centro mappa), alle missioni di supporto all'Esercito a Welikije Luki (in alto), all'evacuazione della Crimea (in basso), all'attacco sull'aeroporto di Poltava (a destra).

Heinkel 111 H-16 o H-20 del I./KG 4 sulla pista di Zilistea in Romania, luglio 1944. Il bombardiere in foto è carico di due bombe SC 1000 ed è armato di mitragliatrici MG 131.

Di seguito, le fotografie dell'album fotografico del servizio militare del Feldwebel pilota (Flugzeugsführer) Willi Born, nato il 6 luglio 1913 a Melbach, decorato della Croce tedesca in oro il 20 marzo 1943 quale Feldwebel nello Stab/III Gruppe del KG 55 in Russia e caduto in un incidente aereo quale pilota istruttore il 28 gennaio 1944 nei dintorni di Aalen (archivio Denis Daum).

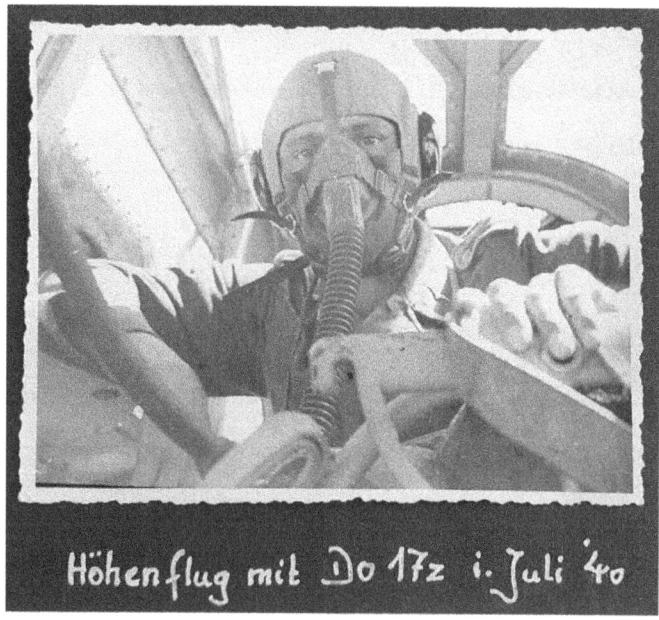

Willi Born prima di passare agli Heinkel He 111 aveva volato con i Junkers Ju 86 e i Dornier Do 17 Z, qui in un volo ad alta quota su quest'ultimo aereo nel luglio 1940.

Due immagini dalla cabina di pilotaggio dell'Heinkel 111 di Born, con l'equipaggio in volo con la propria mascotte!

La MG 15 nella posizione di prua del muso vetrato dell'Heinkel 111.

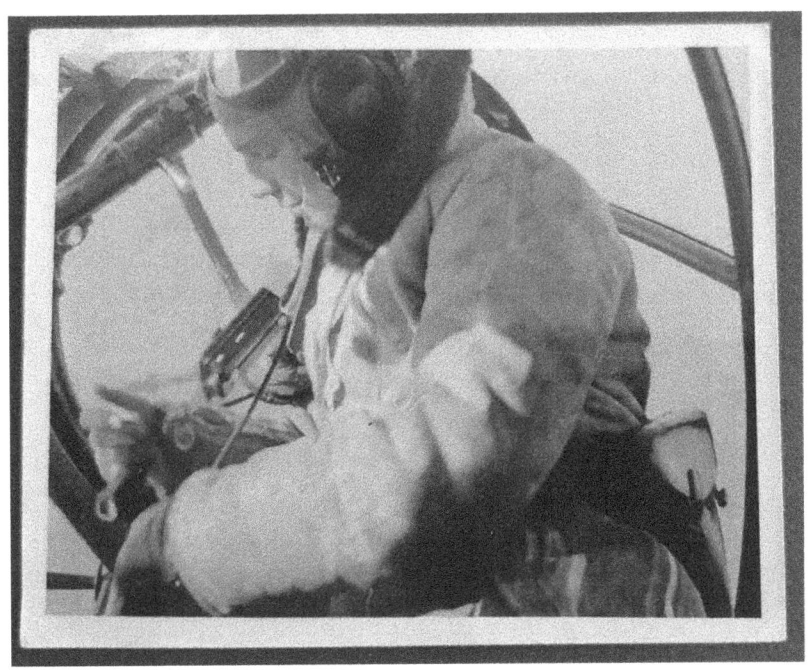

In quest'altra immagine sono visibili in alto a sinistra la MG 15 addizionale posta nella parte superiore del muso vetrato dell'Heinkel 111, e al cinturone del navigatore-bombardiere la fondina rigida della Luger P 08, arma personale d'ordinanza degli equipaggi di volo. Nella foto sotto, la posizione ventrale anch'essa armata di MG 15.

Il caricamento della stiva bombe dell'Heinkel 111 con bombe SC 50 da 50 kg.

L'Heinkel 111 "G1+GT" della 9./KG 55 e il suo equipaggio. L'Oberleutnant pilota Mathias Bermandinger fu insignito della Deutsche Kreuz in Gold il 24 aprile 1942; cadde in azione a Pskov il 28 febbraio 1944 e fu promosso a Hauptmann e insignito della Ritterkreuz a titolo postumo il 5 aprile 1944, il Feldwebel Robert Künnemann fu decorato dell'Ehrenpokal il 21 settembre 1942, il Feldwebel Herbert Pottkämper della Deutsche Kreuz in Gold il 21 agosto 1942, l'allora Unteroffizier Willi Born e l'Obergefreiter Emil Frank furono insigniti della Deutsche Kreuz in Gold il 20 marzo 1943 e il 26 novembre 1943 rispettivamente.

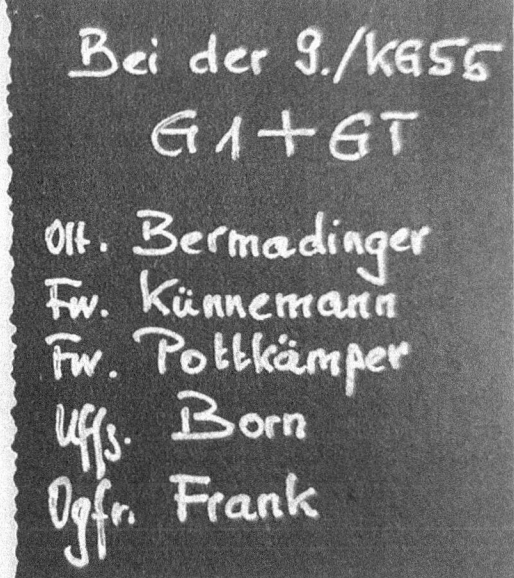

Un commilitone di Willi Born posa accanto all'Heinkel 111.

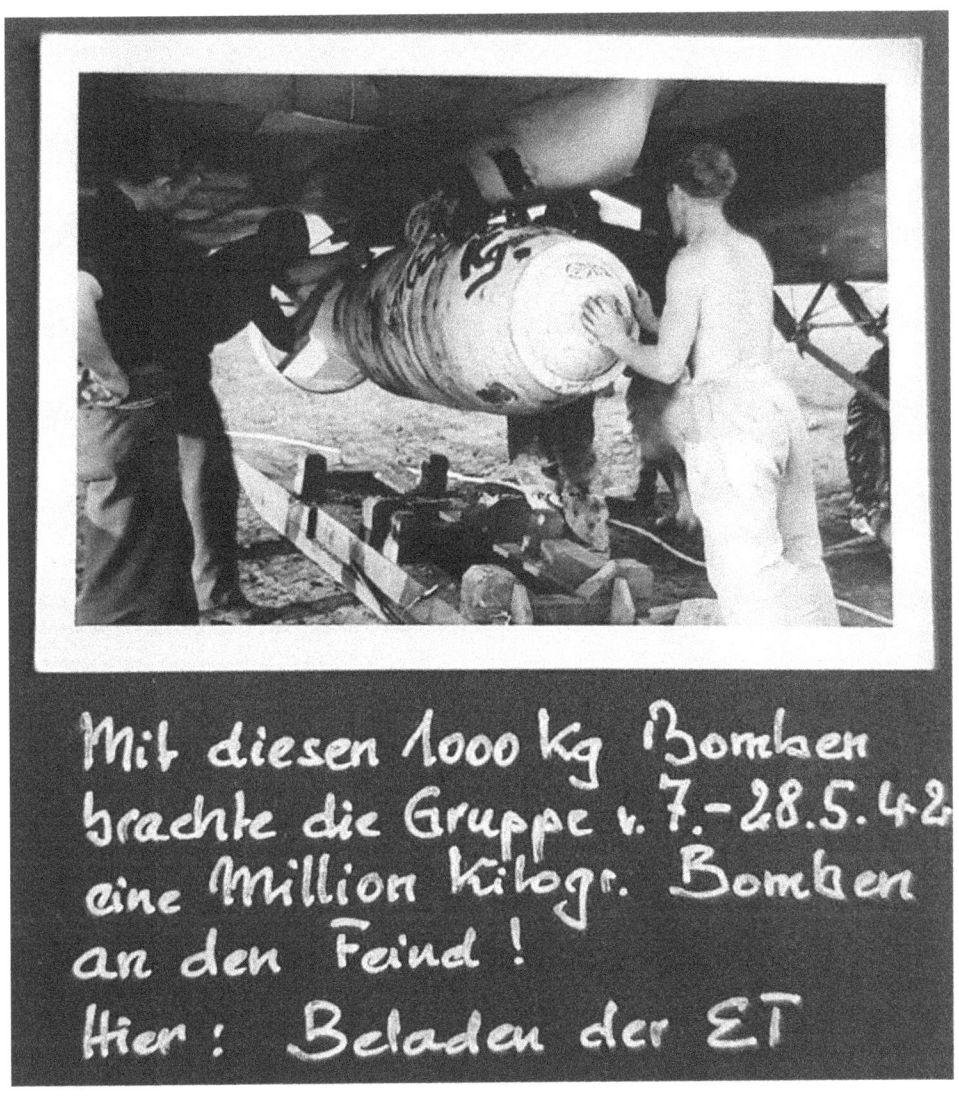

"Con questi 1.000 kg di bombe il Gruppe ha portato sul nemico un milione di chili di bombe dal 7 al 28 maggio 1942! Qui: il carico delle ET [ETC: attacchi esterni porta bombe, NdC]".

Il Gruppe durante la conferenza pre missione.

Il pilota e l'osservatore controllano le mappe di volo.

L'osservatore si sporge dal portello laterale dell'abitacolo.

Una Staffel di Heinkel 111 in volo sulla Russia.

Foto aerea della sponda est del Volga a Stalingrado, 1942.

Lo sgancio di bombe da 250 kg su obiettivi nella zona di Kharkov, primavera 1943.

"Colpo in pieno in un impianto ferroviario".

Russia, primavera-estate 1943. Heinkel 111 e equipaggi del KG 55 presso un aeroporto. Sopra, un Heinkel ritorna da una riuscita missione e scuote le ali in segno di saluto.

Uno degli Heinkel 111 è riuscito a tornare alla base nonostante i gravi danni alle ali.

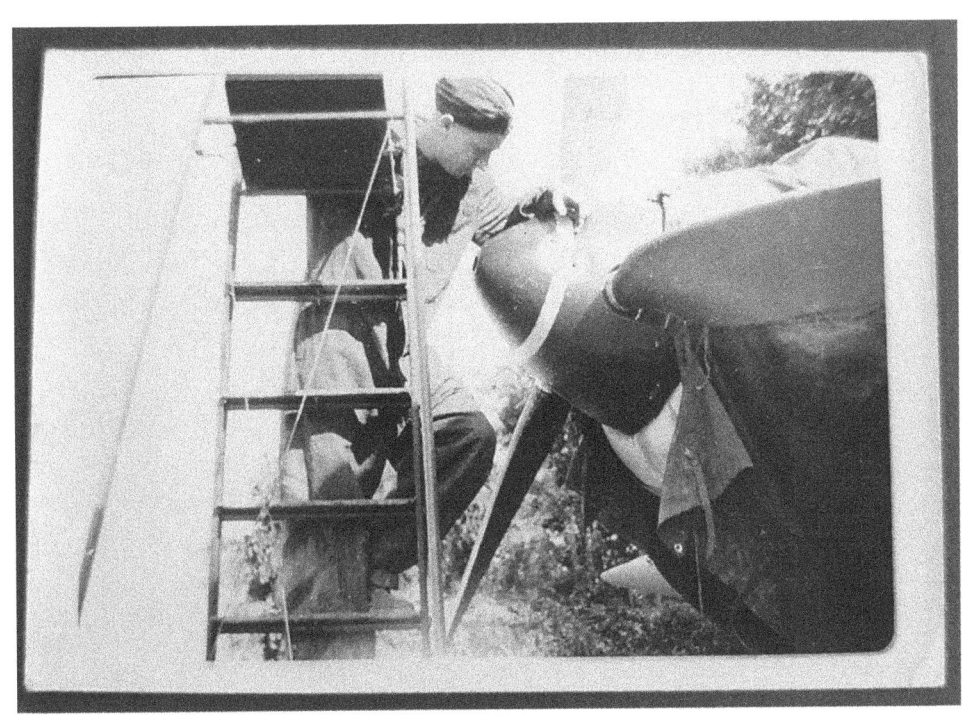

Avieri e meccanici del KG 55 lavorano ai motori di un Heinkel 111.

Sotto, pilota e osservatore di un Heinkel 111 si fanno ritrarre accanto a uno dei loro avieri.

Il saluto di congedo dell'Ia (Ufficiale alle operazioni), Oberleutnant Ludwig.

La cerimonia di conferimento di decorazioni a diversi valorosi aviatori del KG 55. L'Oberstleutnant Queisner saluta e passa in rassegna le truppe schierate.

L'Oberstleutnant Queisner conferisce al Feldwebel Willi Born la Deutsche Kreuz in Gold e il relativo Urkunde (diploma di conferimento).

I funerali del Feldwebel Born e dell'Unteroffizier Deo, caduti in un incidente di volo il 28 gennaio 1944 a Aalen nel Württemberg, presso la Flugzeugführerschule (Scuola piloti) FFS A 43.

Liebe Eltern mein, ich kehr' doch nicht mehr zu euch heim. Ich hab' es euch so oft versprochen, der Tod hat mir's junge Herz gebrochen. Auf Wiedersehn! Mein letzter Gruß. Weil ich ja von euch scheiden muß.

Druckerei Burg, Echternach-Markt

Herr, dein Wille geschehe!
Seine Ehre war Treue.

Hart und schmerzlich traf uns ganz plötzlich die unfassbare Nachricht, dass unser lieber guter Sohn, unser lebensfroher Bruder, Schwager, Onkel, Neffe und Vetter,

Feldwebel und Flugzeugführer
Willi Born
Inh. des deutschen Kreuzes in Gold,
des E. K. 1. und 2.,
der Frontflugzeugspange in Gold,
des Krimschildes u. a. Auszeichnungen,

am 28. Januar 1944, im blühenden Alter von 30 Jahren, in Aalen (Württemberg) tödlich verunglückte. Furchtlos und treu, so wie er lebte, mit dem festen Glauben an Deutschlands Sieg, starb er den Fliegertod getreu seinem Fahneneide für Führer, Volk und Vaterland. Wer ihn kannte, wird unsern Schmerz ermessen. Die Nachricht traf uns umso härter, da ihm sein Bruder Gustav am 9. Dez. 1943 im Heldentod voranging.

In tiefem Schmerz:
Familie Heinrich Born.

Melbach, Amtshausen, Hagen, Menningen, Dahlbruch und z. Zt. Wehrmacht, den 31. Januar 1944.

Lo Sterbebilder del Feldwebel Will Born. Sono indicate le sue molte decorazioni: la Deutsche Kreuz in Gold, entrambe le classi della Eisernes Kreuz, la Frontflugspange in Gold e il Krimschild.

Due belle immagini di Heinkel 111 in volo.

Profilo di un Heinkel 111 P del KG 55 "Greif", Francia 1940.

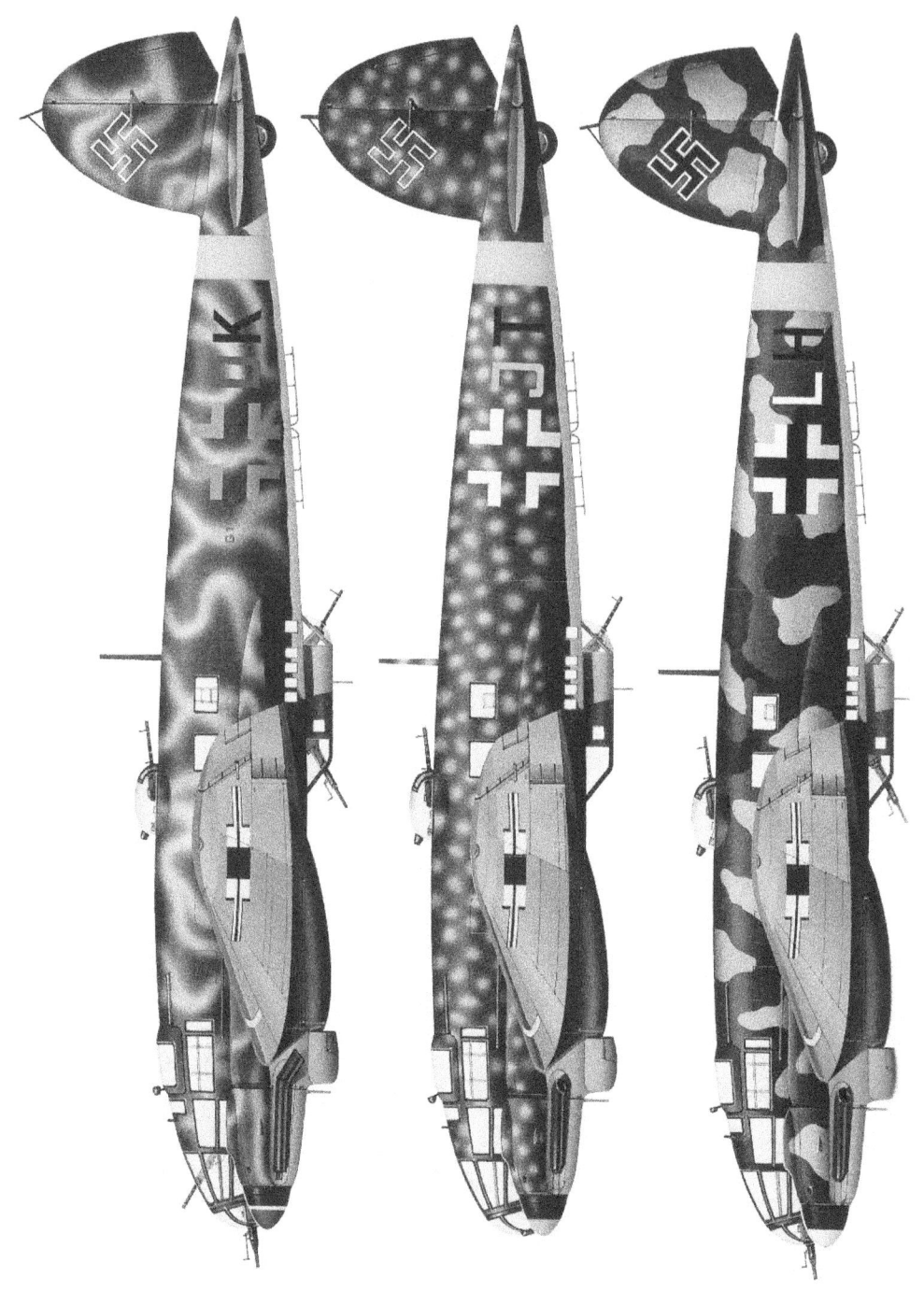

Profili di Heinkel 111 H-16 del KG 55 "Greif".
"G1+DK" della 2./KG 55, Sarabuz, dicembre 1943
"G1+JT" della 9./KG 55, Deblin-Irena, aprile 1944
"G1+LH" della 1./KG 55, Deblin-Ulez, maggio 1944

Heinkel 111 H-16 "5J+ER" della 7./KG 4 "General Wever", Bialystok, 1944.

Heinkel 111 H-20 "5J+GH" della 1./KG 4 "General Wever", Dresda, aprile 1945.

Cabina di pilotaggio di un Heinkel 111. Sulla sinistra la posizione del pilota con a sinistra e di fronte in alto la sua strumentazione, sulla destra il sedile pieghevole del navigatore-puntatore con alla destra il quadrante circolare della sua radiobussola e davanti il suo strapuntino esteso, necessario per la posizione prona tenuta dal navigatore-puntatore durante la fase del bombardamento.

L'abitacolo dell'Heinkel 111: qui accanto la posizione del pilota con la barra di comando e del navigatore-puntatore, e sotto a sinistra dettaglio del sedile del pilota e dei suoi comandi e delle manette dei motori.

Sotto a destra, la posizione del marconista con parte dei suoi set radio e strumentazione. In fondo alla foto, la paratia e il passaggio alla cabina di pilotaggio.

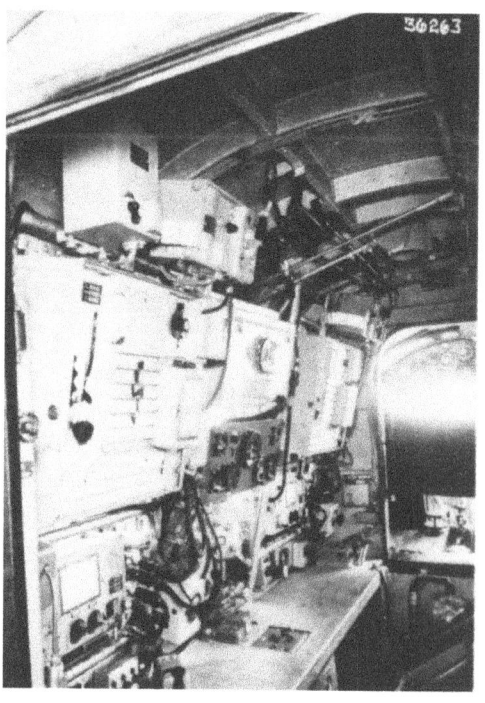

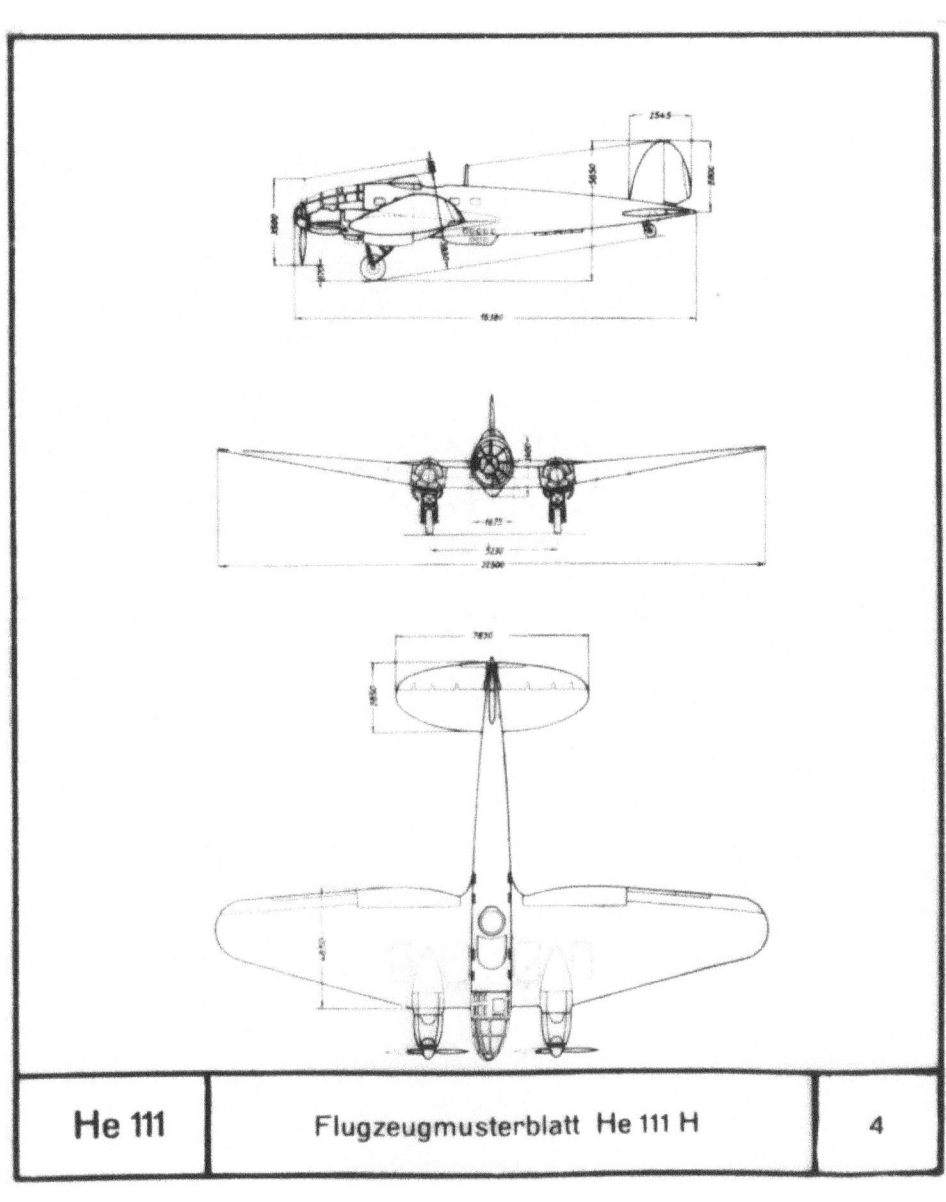

Trittico dell'Heinkel 111 H.

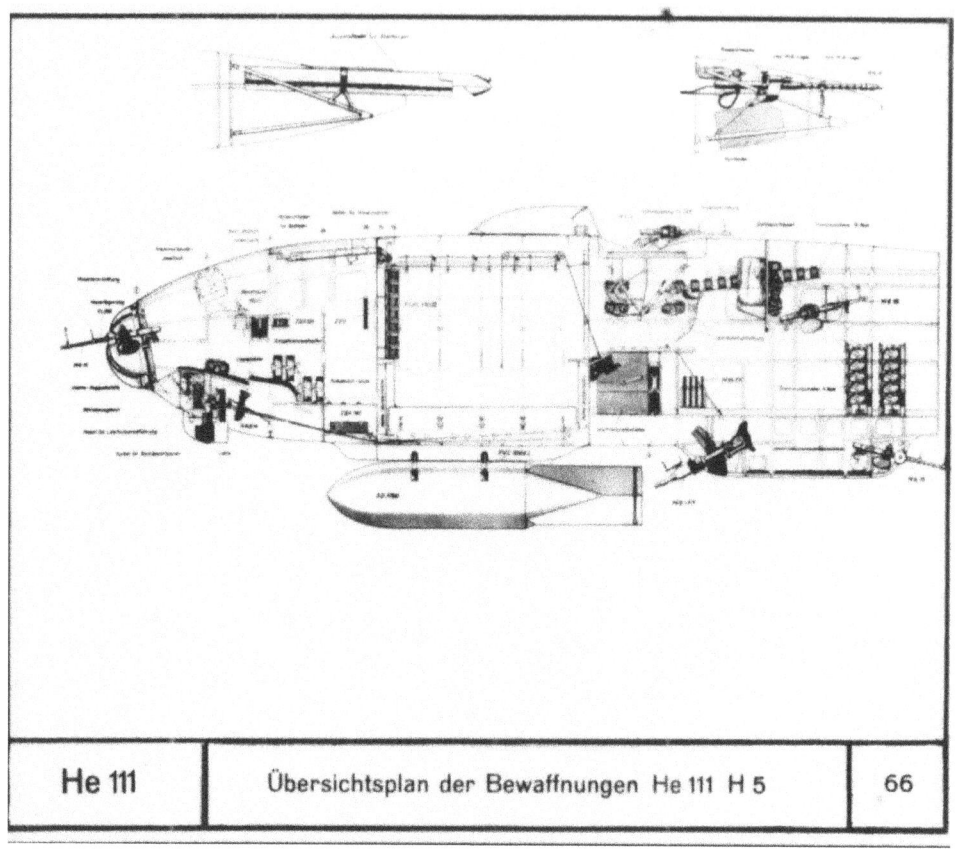

He 111 — Übersichtsplan der Bewaffnungen He 111 H 5 — 66

Piano generale dell'armamento dell'Heinkel He 111 H-5. L'aereo in schema è armato di mitragliatrici MG 15 nelle posizioni di prua, dorsale, ventrale e laterali, e di cannoncino MG FF nella parte frontale della gondola ventrale. In alto sono disegnati l'inefficace lanciafiamme caudale, installato in alcuni aerei nel 1939-1941, e la MG 17 caudale fissa, presente in diverse versioni della serie H. L'armamento di caduta è agganciato a due attacchi PVC 1600 L, capaci di sostenere bombe sino a 1.000 e 1.800 kg di peso. In seguito, l'adozione dell'attacco ETC 2000 permise all'Heinkel 111 di trasportare anche la bomba SC 2500 "Max" da 2.450 kg.

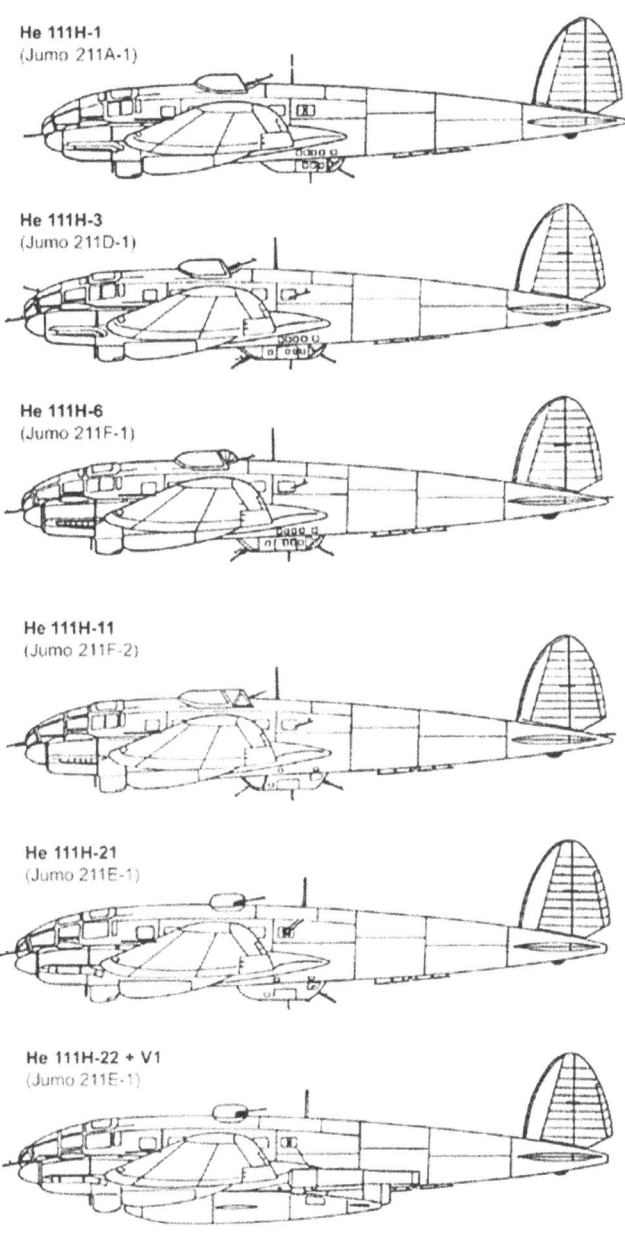

Le diverse configurazioni di motorizzazione (indicate tra parentesi sopra ogni profilo; gli H-21 e l'H-22 furono anche motorizzati con il maggiormente potente Jumo 231E-1 da 1.750 HP) e armamento difensivo degli Heinkel 111 della serie H.

Note sull'autore

Georg Zirk era un tedesco etnico che viveva in Polonia all'inizio della seconda guerra mondiale. Le politiche governative polacche che portarono alla morte di quattro familiari lo spinsero ad entrare nella *Luftwaffe*, dove divenne navigatore-puntatore. In azione sui bombardieri con il *KG 55* e *KG 4*, Zirk volò in 81 missioni di combattimento (di cui 65 notturne) sul Fronte Orientale. Vide azione dal Mar Nero alle porte di Berlino, prendendo parte in tredici grandi battaglie.

Zirk fu catturato dai russi dopo la resa della Germania nel maggio del 1945 ma riuscì a fuggire e a tornare a casa. Il governo comunista polacco lo mandò in prigione dove restò fino all'estate del 1947, quando riuscì a fuggire e, attraverso la Germania Est, ad arrivare all'Ovest nel gennaio del 1948.

Diventato cittadino americano, Georg Zirk è rimasto attivo in aviazione. Vive a Hemet, California.

Bibliografia dell'edizione italiana

Wolfgang Dierich, *Chronik Kampfgeschwader 55 "Greif"*, Stuttgart 2012

Heinz J. Nowarra, *Die Deutsche Luft-Rüstung 1933-1945*, Koblenz 1993

John Wead, *He 111 Kampfgeschwader on the Russian Front*, Oxford 2013

Indice

Introduzione	5
La mia giovinezza	7
L'inizio della guerra	13
Vado in guerra	19
Addestramento come navigatore-puntatore	23
Partenza per il fronte orientale	27
La battaglia per l'Ucraina	32
"Bomberstrom Ost"	35
Con i designatori di bersagli	40
La battaglia della Polonia	44
L'ultimo capitolo della guerra	51
La resa e la fuga dai russi	55
Prigioniero in Polonia	63
Un anno in campo di concentramento	66
In Germania Est	71
Fuga all'Ovest	72
Appendici	77
Fotografie	83
Note sull'autore	146
Bibliografia dell'edizione italiana	146

www.ingramcontent.com/pod-product-compliance
Ingram Content Group UK Ltd.
Pitfield, Milton Keynes, MK11 3LW, UK
UKHW050412240426
12048UKWH00020B/1466